INDE

GRÜND

Remerciements

Les éditeurs remercient Monsieur Gupta pour ses précieux conseils.
Photos réalisées spécialement pour cet ouvrage : Paul Grater
Préparation des plats : Mandy Wagstaff
Styliste : Sarah Wiley
Dessins : Olivia Brown

Les éditeurs remercient aussi les organismes suivants qui ont fourni des illustrations
pour cet ouvrage :
Octopus/Paul Grater pages 13, 17, 19, 20, 29, 49, 52, 61, 63 ;
Octopus/Martin Brigdale pages 9, 15, 25, 27, 33, 34, 37, 41, 43, 47, 50, 59 ;
Octopus/Robert Golden pages 23, 31, 38, 45, 55, 57 ;
Photothèque Robert Harding pages 5, 7.

Adaptation française de Christine Colinet
Première édition française 1989 par Librairie Gründ, Paris
© 1989 Librairie Gründ pour l'adaptation française
ISBN : 2-7000-6464-X
Dépôt légal : septembre 1989
Édition originale 1989 The Hamlyn Publishing Group Ltd, Division de
Octopus Publishing Group
© 1989 The Hamlyn Publishing Group Ltd
Photocomposition : Compo 2000, Saint-Lô
Produit par Mandarin Offset
Imprimé et relié à Hong Kong

Table

Introduction

4

Les recettes de ce livre sont regroupées par chapitres selon leur
genre ou selon les ingrédients entrant dans leur composition.
Les techniques culinaires varient suivant leur région d'origine.
C'est ainsi que la méthode « tandoori » vient du nord de l'Inde et
du Pakistan où la viande est marinée avant cuisson, les riches
curries longuement mijotés sont typiques de Delhi. En Inde
centrale, on sert des légumes verts sans sauce, cuits quelques
minutes seulement. Plus au sud, les mets sont relevés et souvent
agrémentés de noix de coco. A l'extrême sud du sous-continent,
les spécialités de Madras mettent en feu nos gosiers européens,
et dans les régions de la côte et du delta les poissons sont
enrobés de massala épicé avant d'être cuits au four ou au gril à
charbon de bois.
La cuisine indienne a été fortement influencée par les différentes
religions pratiquées à travers cet immense territoire : l'hindouisme
est la religion prédominante en Inde, et la plupart des Hindous sont
végétariens. Les Sikhs et les Musulmans, par contre, consomment
régulièrement de la viande, si elle n'est pas de porc pour les
Musulmans. Mais partout et pour tous, l'équilibre est la règle d'or
scrupuleusement observée aussi bien pour les menus quotidiens
que pour les banquets fastueux.

Ci-contre : le sol fertile des vallées du Cachemire convient parfaitement à la culture du riz.

Le repas indien traditionnel

Un repas indien traditionnel est composé de différents mets disposés tous en même temps sur la table. Chaque convive se sert selon son goût, dans l'ordre qui lui plaît. Il y a généralement un plat de viande ou de poisson (parfois les deux dans les familles aisées ou dans un repas de fête), plusieurs plats de légumes, une variété de galettes ou du riz, du yaourt, une salade, un choix de chutneys et de condiments. S'il s'agit d'un repas végétarien, les plats de légumes verts sont nombreux, mais on y ajoute des lentilles et autres légumes secs ; et on sert toujours du yaourt. Les styles de cuisson, les techniques et les ingrédients varient d'une région à l'autre, mais les repas indiens sont toujours équilibrés dans leurs couleurs, leurs saveurs et leurs textures. Avec une viande ou un poisson en sauce, par exemple, la cuisinière veillera à proposer un légume vert sans sauce. C'est une règle simple à suivre lorsque vous préparez un menu indien.

Combien de plats ?

La coutume en Inde est d'offrir des mets divers parmi lesquels les invités feront leur choix. Traditionnellement les Indiens ne suivent pas un ordre précis comme les Occidentaux, mais rien ne vous empêche de le faire car la nourriture indienne s'adapte très facilement. Les aliments comme les samosa, les pakora et les dosa, par exemple, que l'on consomme toute la journée en Inde, constituent des entrées très appétissantes. D'ailleurs, on les sert comme tels dans les restaurants indiens d'Occident. Le plat principal peut alors suivre avec un choix de divers curries, tandooris et légumes servis en même temps, accompagnés de riz ou de galettes, de salade, de plats à base de yaourt, de chutneys et de condiments. En raison de la rareté de la viande ou du poisson, et du grand nombre de végétariens en Inde, les légumes sont toujours considérés comme des plats complets. Quand vous prévoyez un repas indien, ne servez pas les légumes comme accompagnements, selon la coutume occidentale, mais donnez-leur une importance égale à celle des plats de viande et de poisson. Les desserts sont réservés aux grandes fêtes. Les douceurs se mangent à tout moment de la journée plutôt qu'à la fin du repas. Mais les plats sucrés indiens conviennent comme desserts servis à l'occidentale.

Les ingrédients

Quelle que soit leur religion, les classes les plus pauvres réservent la viande pour les fêtes et les occasions spéciales. Mais même dans les plats les plus simples, les Indiens font preuve d'imagination ; au cours des siècles, les plus défavorisés ont appris à utiliser les aliments de base, comme les nombreuses variétés de légumes secs et à en faire des plats savoureux par l'adjonction de quelques épices. Au bord de la mer, des grandes rivières et des deltas, les plats de poissons et de crustacés forment l'essentiel de la nourriture.

Dans les régions du nord du Pakistan et du Népal, au pied de l'Himalaya, se trouvent des prairies luxuriantes où l'on élève du bétail. On y cultive aussi des légumes, notamment des épinards et des choux-fleurs. Plus au sud, dans les plaines de l'Inde, l'action conjuguée du soleil torride et de l'irrigation intensive permet la culture des pois, des haricots, des lentilles et des légumes tropicaux. C'est ici qu'on récolte les épices, comme le curcuma et les piments. Près des côtes non polluées, les

fruits de mer et les coquillages sont abondants. Au Bangladesh, les rivières regorgent de poissons variés dont l'énorme *masher*, si gros qu'un seul poisson suffit, dit-on, à nourrir un village un jour de fête.

Riz et galettes

Les hydrates de carbone sous forme de riz ou de galettes constituent la base de tout repas indien. Ils contrastent avec les aliments épicés, ce que les Occidentaux apprécieront.

En Inde, on ne mange pas des galettes et du riz au même repas. On consomme plutôt les galettes dans le Nord où le blé pousse sur de vastes étendues, alors que le riz est plutôt consommé dans le Sud.

Chez vous, pour un repas indien, le riz est certainement le choix le plus facile. En effet les galettes indiennes doivent être fraîchement cuites, ce qui n'est pas très facile. Pour le riz, suivez la règle indienne : mettez-en une cuillère sur chaque assiette, puis placez autour des portions des autres plats pour que les invités puissent prendre un peu de riz avec chaque bouchée de viande, de poisson ou de légumes, etc.

Comment servir les aliments indiens

La tradition veut que l'on serve les aliments sur un *thali*, plateau ou assiette métallique circulaire (dans certaines parties du sud de l'Inde, on les sert sur des feuilles de banane). Le *thali* ressemble à une palette de peintre, car de petites portions de chaque plat sont disposées sur le pourtour, soit dans de petits bols, soit directement sur le plateau ; on utilise le centre de celui-ci pour mélanger au fur et à mesure les diverses saveurs, couleurs et textures de son choix. Il est évident qu'il serait peu pratique de présenter la nourriture de cette façon, mais pour donner un air authentique à votre repas indien, incitez vos invités à se servir de leurs assiettes comme d'un thali, en disposant les divers mets autour du riz.

Dans tout le sous-continent indien, on se sert de la main droite pour manger. Jamais la main gauche ne doit toucher la nourriture, car elle est considérée comme impure. De nos jours, cependant, bien des Indiens utilisent des couverts ; quand vous servez des plats indiens, donnez des cuillères et des fourchettes, du moins pour le plat principal. Conseillez à vos invités de rompre les galettes avec leurs doigts et ensuite de les utiliser pour porter la nourriture à la bouche. Ils seront surpris de découvrir que le mélange est délicieux.

Les repas de fêtes

Dans ces circonstances on sert à profusion les mets les plus savoureux. C'est cette cuisine qui a permis de développer l'art culinaire indien. Le riz y est encore la base traditionnelle, mais il est combiné à de la viande et au bouillon pour faire de somptueux *pulao* avec de la cardamome et des clous de girofle qui ajoutent arôme et piquant. Dans le nord, on confectionne des plats d'agneau tel que le roghan gosht (page 32).

Il est de tradition de donner et de recevoir des sucreries lors des fêtes et des célébrations, en particulier du halwa (page 63). On en expédie même aux amis et aux parents à l'étranger, pour qu'ils puissent goûter la spécialité traditionnelle lors des grandes occasions.

On utilise beaucoup de lait dans la préparation des sucreries. Les jours qui précèdent une fête toutes les cuisines sont envahies par d'énormes chaudrons bouillants où le lait est réduit en *khoa* (sorte de lait concentré). On

Des fruits, des gâteaux et des légumes apportés en offrande au soleil.

utilise également le lait pour les desserts de ces fêtes. Lors des *Ids*, journées de fêtes musulmanes, particulièrement pour Id-ul-Fitr qui suit les trente jours de jeûne de Ramadan, les musulmans revêtent leurs plus beaux atours et se rendent visite. Ils offrent et reçoivent des desserts au lait décorés de *varak*, feuille d'argent martelée.

La cuisine régionale, styles et techniques
Dans le nord, surtout au Pakistan, la cuisine tandoori prédomine depuis des siècles. Le *tandoor*, four en argile, a une forme conique comme une ruche. Trois heures avant la cuisson, on allume un feu de charbon de bois dans le tandoor et la cuisson commence seulement quand la température est atteinte à l'intérieur. Les recettes de tandoori nécessitent une cuisson rapide. La viande coupée en morceaux est marinée, puis cuite sur des brochettes en quelques minutes. La volaille se traite de la même façon, soit entière, soit découpée.

Comme le tandoor est un four, il permet de faire cuire les galettes au levain. Les galettes indiennes sont une simple pâte de farine et d'eau cuite sur un gril. Les nân, cependant, cuites sur les parois intérieures du tandoor sont plus légères que la plupart des autres galettes sans levure. La cuisson tandoori s'est développée parallèlement au style moghol, mis à la mode par les empereurs moghols qui accordaient une très grande importance à la présentation. Cette cuisine que l'on rencontre jusqu'en Inde centrale a donné naissance à un style nouveau qui s'est développé autour de Delhi. Aujourd'hui la cuisine de Delhi est très appréciée et nombre de ses meilleures recettes se retrouvent dans tout le pays. Bombay, le port le plus important, a une cuisine plus cosmopolite, avec des plats aigres-doux inspirés de la cuisine chinoise. Sur la côte ouest, surtout à Goa, les Indiens chrétiens ont développé leur propre cuisine. Plus au sud sur la côte du Kerala, l'emploi de fenugrec est devenu un art, destiné à atténuer l'odeur du poisson.

Les Tamouls, sur la côte est et à l'intérieur du pays, utilisent la noix de coco dans presque tous les plats, sous différentes formes.

Il semble de règle que plus il fait chaud, plus on mange épicé. Les habitants de Madras qui vivent constamment dans une véritable fournaise en apportent la preuve. Cependant, ce sont les Bengalis qui ont fait connaître la cuisine indienne à l'Occident. La cuisine bengali réussit merveilleusement les poissons grâce au massala.

Les ustensiles de cuisine
Aucun équipement particulier n'est vraiment nécessaire ; le pays est pauvre et les aliments sont préparés dans des conditions primitives. La maîtresse de maison occidentale est donc bien équipée pour préparer des recettes indiennes. Il est plus facile d'écraser des épices dans un mortier qu'en utilisant un caillou et une pierre plate. Pour faire un curry, utilisez une grande casserole à fond épais.

Évidemment un tandoor pose quelques problèmes, mais on peut cuire la viande marinée sur des brochettes au barbecue. Le poulet est meilleur si on commence la cuisson dans un four conventionnel et si on la termine au barbecue. Le nân est plus difficile, mais on obtient de bons résultats dans un four très chaud. Les galettes non levées, comme les chapati, sont traditionnellement cuites sur un disque en forme de dôme (*tawa*), chauffé sur le feu. Cet ustensile mérite l'investissement si vous pensez l'utiliser fréquemment. Sinon sachez que toute surface métallique peut faire l'affaire.

Les boissons
Sucré et au lait, le thé est la boisson de tous les Indiens. Il existe d'autres boissons populaires sucrées à base d'essences comme la menthe, le bois de santal. Le lassi est une boisson au yaourt. Chez vous, au cours d'un repas indien, vous pouvez servir de l'eau glacée ou de la bière blonde fraîche, les vins ne conviennent pas du tout.

7

INTRODUCTION

Produits indiens

Ata : farine complète utilisée pour la fabrication de pains à pâte non levée.

Cardamome : il en existe deux espèces ; les grosses gousses sont noires et ont des graines noires à l'intérieur, tandis que les petites gousses sont vertes. Les graines de celles-ci sont utilisées pour la préparation des desserts, du riz et des biryanis. On utilise les deux variétés dans le garam massala. Sauf indication contraire, utilisez les gousses entières.

Coriandre (dhenia) : fraîche ou en graines, elle est toujours très parfumée. On la trouve dans les épiceries orientales. Vous pouvez la remplacer par du persil, bien qu'il n'ait pas du tout le même parfum.

Cumin : on l'utilise en poudre pour la préparation de la poudre de curry et aussi celle du garam massala, et en graines pour les légumes, les curries et les chutneys.

Curcuma : utilisé en poudre pour son goût prononcé et sa couleur jaune.

Eau de rose : est utilisée dans la cuisine indienne à cause de son parfum délicat.

Farine de pois chiches (besan) : farine jaune très fine ; tamisez-la avant de l'utiliser, car elle a tendance à s'amalgamer pendant son stockage. Elle est pauvre en gluten et riche en protéines.

Fenugrec : petites graines jaunes légèrement amères, utilisées dans la préparation du curry en poudre. Les feuilles de cette plante se dégustent comme un légume. Vous pouvez même la faire pousser dans votre jardin.

Feuilles de curry : ce sont les feuilles d'un arbre qui pousse en Inde, au Pakistan et au Sri Lanka. On les utilise pour parfumer et on les retire juste au moment de servir.

Garam massala : mélange d'épices moulues. Vous pouvez le préparer vous-même : broyez dans un moulin à café ou dans un mortier 1 cuillère à soupe de graines de coriandre, 1 cuillère à soupe de graines de cumin, 2 cuillères à café de graines de cardamome, 2 cuillères à café de clous de girofle, 2 cuillères à café de macis, 1 bâton de canelle de 7,5 cm et 1 cuillère à café de noix de muscade râpée. Stockez dans un récipient hermétique.

Ghi : sorte de beurre clarifié qui a l'avantage de pouvoir chauffer à haute température sans brûler. Pour le préparer vous-même, mettez à feu doux 225 g de beurre dans une casserole et laissez frémir 20 à 30 minutes ; passez-le à travers une mousseline. Stockez-le dans un bocal hermétique et laissez dans un endroit frais.

1. Feuilles de laurier 2. Feuilles fraîches de coriandre 3. Courge indienne 4. Feuilles de curry 5. Riz aux épices (page 54) 6. Noix de coco 7. Tarka dal (page 23) 8. Sucre de palme 9. Sucre cristallisé 10. Choix de sucreries indiennes, comprenant halwa (page 63) et barfi (page 62) 11. Aubergines 12. Pulpe de tamarin 13. Amuse-gueule indiens 14. Amandes 15. Salade raita (page 53) 16. Bâtons de cannelle 17. « Canard de Bombay » (poisson séché) 18. Noix d'arec 19. Macis 20. Noix de muscade 21. Cardamome noire 22. Cardamome verte 23. Graines de cardamome 24. Pistaches 25. Clous de girofle 26. Graines de sésame 27. Graines de grenade 28. Ecorce de cannellier 29. Graines de femugrec 30. Filaments de safran 31. Graines de fenouil et d'anis 32. Piments verts frais et piments rouges séchés 33. Poudre de curry 34. Curcuma en poudre 35. Amuse-gueule indien préparé avec des graines de fenouil et d'anis 36. Poppadoms 37. Saag roti (page 55) 38. Paprika 39. Garam massala 40. Lentilles vertes 41. Pois chiches cassés 42. Pois chiches noirs cassés 43. Lentilles brunes 44. Lentilles corail 45. Pois chiches noirs 46. Lentilles jaunes.

8

9

Gingembre : pelez le gingembre frais avant de l'utiliser. Pour le garder frais, pelez-le, lavez-le, mettez-le dans un bocal, couvrez-le de xérès léger, fermez et laissez au réfrigérateur. Le gingembre en poudre n'a pas autant de parfum que le gingembre frais.

Goyave : la couleur de la peau varie du jaune au violet, et celle de la chair du vert pâle au rose.

Graines d'anis : elles sont très utilisées dans les desserts et les chutneys relevés.

Graines d'oignon (kalonii) : elles sont utilisées dans les curries de légumes, ou bien dans la pâte du pain.

Lait complet instantané : il remplace le lait condensé dans de nombreux desserts. Vous pouvez utiliser du lait en poudre pour bébé, mais pas du lait instantané écrémé.

Légumes secs : il en existe soixante variétés en Inde dont les plus connues sont les lentilles vertes et jaunes, les lentilles corail, les pois cassés, les pois chiches, les cornilles. Faites-les tremper dans plusieurs eaux successives, cela permettra de réduire de moitié le temps de cuisson. Salez-les en fin de cuisson seulement, pour éviter qu'ils ne durcissent.

Noix de coco : la cuisine indienne utiise aussi bien la chair que le liquide. Une noix de coco fraîche doit être lourde.

Le lait de coco sert à parfumer et épaissir les plats. Pour le préparer, mettez la moitié de la chair râpée d'une noix de coco dans une jatte, couvrez-la avec 50 cl d'eau bouillante et laissez infuser 1 heure. Passez à travers une mousseline, en pressant fort pour extraire le maximum de « lait ». Celui-ci est épais. Pour obtenir un lait plus léger, versez à nouveau 50 cl d'eau bouillante sur la noix de coco râpée déjà utilisée et pressez à nouveau.

La crème de noix de coco vendue dans les épiceries orientales ou spécialisées est un substitut utile.

Pâte de gingembre ou d'ail : ces pâtes sont faciles à préparer et elles se conservent bien 3 à 4 semaines. Pelez 100 à 175 g de gingembre ou d'ail. Coupez en petits morceaux et râpez-les avec suffisamment d'eau pour obtenir une pâte. Ajoutez 1/4 de cuillère à café de sel, mélangez bien, enveloppez dans du film alimentaire et enfermez dans un bocal hermétique.

Piments : frais ou en poudre, de différentes couleurs et variables en force. Pour les manipuler, portez des gants et évitez de vous toucher les yeux ou le visage. Pour qu'ils soient moins forts, retirez les graines. S'ils sont très forts, ne consommez pas les graines.

Riz : c'est la base de l'alimentation indienne. Le riz basmati est très prisé pour ses grains longs et pour son parfum. Le riz patna est aussi très populaire.

Safran : sert à parfumer et à colorer le riz, le biryani, les desserts. Il est fait des stigmates d'une sorte de crocus et il faut des milliers de filaments pour obtenir une petite quantité de safran. Enveloppez les filaments dans un petit sac en polyéthylène et écrasez-les avec un rouleau à pâtisserie. Transférez le safran dans une tasse, arrosez d'eau, laissez tremper 10 minutes, puis tournez avec une cuillère. Pour une grosse pincée de filaments, comptez 5 à 10 cl d'eau.

Tamarin : gousse du tamarinier, vendue en gousse ou en pulpe. Faites-le tremper dans de l'eau chaude et pressez-le avant de l'utiliser.

Menus

Curry

*Boulettes de viande hachée
Agneau au yaourt et aux tomates
Curry de gombos
Riz
Boulettes au sirop*

Tandoori

*Beignets
Poulet tandoori
Aubergines aux tomates
Poisson tandoori
Nân
Chutney à la menthe
Glace à la pistache*

Déjeuner végétarien

*Pois chiches épicés
Riz aux légumes
Curry de gombos
Ragoût de lentilles corail
Vermicelle au lait*

Repas de fête aux fruits de mer

*Gâteau de lentilles corail
Curry de boulettes de poisson
Curry de crevettes à la noix de coco
Épinards aux tomates
Paratha
Boulettes au sirop*

Brochettes

*Galettes aux épinards
Brochettes d'agneau aux épices
Brochettes de bœuf
Brochettes de gambas
Chutney à la menthe
Salade raïta
Riz
Salade de fruits*

11

Fête végétarienne

*Pour 8 à 10 personnes
Beignets
Riz aux légumes
Lentilles aux épices
Curry de bananes
Aubergines farcies
Épinards épicés
Chutney à la menthe
Salade raïta
Glace à la mangue
Bouchées au miel*

Note : adaptez les quantités selon le nombre de personnes que vous recevrez.

Entrées

Dans tout le sous-continent indien, la coutume veut depuis toujours que l'on offre aux invités des douceurs et des « en-cas » en signe de bienvenue. Ces petites entrées vont des simples beignets de semoule ou de farine de pois chiches jusqu'aux brochettes de viandes épicées et aux délicieuses enveloppes de pâte feuilletée fourrées de farces ou de curry. Ces petits plats extrêmement populaires sont vendus dans toutes les rues des bazars. Ils sont faciles à préparer à la maison. Il est préférable de les faire cuire à la dernière minute, mais certains peuvent être préparés en grandes quantités et conservés en partie dans des boîtes hermétiques.

12

Œufs brouillés

Akouri

6 œufs
50 g de ghi
1 oignon moyen pelé et coupé en rondelles fines
1 gousse d'ail, pelée et émincée
1 morceau de 10 cm de gingembre frais, pelé et coupé en lamelles fines
1 cuillère à café de curcuma
1 cuillère à café de garam massala
1 pincée de piment de Cayenne
1 cuillère à café de sel fin
1 petit piment vert, épépiné et coupé en morceaux de 5 mm
feuilles de coriandre fraîche hachées

Battez les œufs dans une jatte et mettez-les de côté. Faites chauffer le ghi dans une poêle et faites revenir doucement l'oignon et l'ail 4-5 minutes. Ajoutez le gingembre et tournez 2 minutes. Ajoutez le curcuma, le garam massala, le piment, le sel, et tournez 1 minute.

Battez à nouveau les œufs, versez-les dans la poêle et tournez jusqu'à ce qu'ils soient pris. Retirez du feu, répartissez les morceaux de piment et mélangez doucement. Décorez avec la coriandre et servez aussitôt.
Pour 4 personnes
Variantes : vous pouvez servir ces œufs brouillés avec des galettes de riz (voir page 14), ou bien en faire un plat plus consistant en ajoutant 225 g de crevettes décortiquées, ou des moules, ou de la chair de crabe émiettée.

Fromage blanc ; œufs brouillés ; sambhar d'œufs aux crevettes

Fromage blanc

Panir

1,2 l de lait
25 cl de yaourt nature
2 cuillères à café de jus de citron
1 1/2 cuillère à café de sel fin

Mettez le lait dans une grande casserole et portez à ébullition. Retirez du feu et incorporez-lui en fouettant le yaourt, le jus de citron et le sel. Laissez reposer 12 heures dans un endroit chaud (environ 37° C).

Passez-le à travers un linge fin, laissez égoutter 30 minutes et pressez le fromage pour en éliminer le plus de liquide possible.

Laissez le fromage dans le linge roulé serré après lui avoir donné la forme d'un rectangle, placez-le entre deux surfaces plates, posez dessus un poids et laissez ainsi 3 heures. Découpez le fromage blanc obtenu en cubes. Servez-le ainsi ou utilisez-le dans des curries de légumes.
Pour environ 500 g de fromage blanc
Note : le fromage ne connaît pas dans le sous-continent indien, la même diversité qu'en Occident. Cependant le *panir*, simple fromage blanc, est tout à fait courant.

Sambhar d'œufs aux crevettes

Jhinga sambhar

500 g de crevettes décortiquées
4 œufs durs, écalés et coupés en quartiers
30 cl de lait de noix de coco
1 petit oignon, pelé et haché
1 gousse d'ail pelée et écrasée
1 petit piment vert épépiné et coupé fin
jus de 1/2 citron
1 pincée de piment de Cayenne
1/2 cuillère à café de sel

Pour décorer :
50 g de petits pois cuits
feuilles de coriandre fraîche hachées

Disposez les crevettes et les œufs dans un plat creux et mettez-les à glacer au réfrigérateur.

Passez au mixeur le lait de noix de coco, l'oignon, l'ail, le piment vert, le jus de citron, le piment en poudre, le sel, puis versez sur les crevettes et les œufs. Décorez avec les petits pois et la coriandre. Servez glacé.
Pour 4 personnes

Pois chiches épicés

Channa dal

500 g de pois chiches
1 cuillère à café de sel fin
2 cuillères à café de bicarbonate de soude
2 l d'eau froide
huile à friture
1 cuillère à café de garam massala
1 pincée de piment de Cayenne
1 cuillère à café de poivre noir
2 cuillères à café de sel fin
2 cuillères à café de cassonade

Lavez les pois chiches. Mettez le sel et le bicarbonate de soude dans une grande jatte et faites-les dissoudre avec l'eau. Ajoutez les pois chiches et laissez tremper 48 heures.

Égouttez-les et lavez-les à l'eau froide, puis étalez-les sur une plaque et faites-les sécher 30 minutes dans un four à 150°.

Plongez-les par fournées dans de l'huile à friture chaude, jusqu'à ce qu'ils changent de couleur, puis retirez-les avec une écumoire et faites-les égoutter sur du papier absorbant.

Mettez-les encore chauds dans une grande jatte, ajoutez les épices, le sel et la cassonade, et secouez pour qu'ils en soient tous bien couverts.

Pour environ 500 g de pois chiches
Note : le channa dal est aussi populaire, en Inde, parmi les spectateurs de films, que le pop-corn aux États-Unis. Comme ce plat demande beaucoup de temps, à cause du trempage, préparez-en une grande quantité. Bien qu'il soit meilleur de déguster ces pois chiches le jour même de leur préparation, ils peuvent se garder 2 semaines dans un récipient hermétique.

Galettes de riz

Dosa

175 g de riz basmati
100 g de lentilles
2 l d'eau froide
2 cuillères à café de sel fin
1/2 cuillère à café de curcuma
30 cl de lait
environ 100 g de ghi

Mélangez le riz et les lentilles, puis lavez-les. Égouttez-les, mettez-les dans une jatte, versez l'eau et laissez tremper 24 heures.

Égouttez-les, passez-les au mixeur, ajoutez le sel, le curcuma, puis incorporez le lait pour obtenir une pâte.

Faites fondre un peu de ghi dans un poêle, puis couvrez le fond de la poêle avec de la pâte. Quand le centre devient solide, faites glisser cette galette sur un plat chaud. Répétez cette opération, en ajoutant du ghi à chaque fois, si nécessaire.

Servez chaud avec un assortiment de chutneys ou bien avec des boulettes de viande (voir ci-contre page 15) ou des œufs brouillés (voir page 12).

Pour 10 à 15 galettes
Note : ces galettes sont souvent servies au petit déjeuner. En Inde, elles sont cuites traditionnellement sur une pierre plate chaude, mais vous obtiendrez le même résultat avec une poêle. Si vous les aimez, vous pouvez ajouter à la pâte 50-100 g de coriandre ou d'épinards hachés, ou 1 cuillère à café de graines de carvi ou d'anis.

Beignets

Pakora

175 g de yaourt nature
75 g de farine de pois chiches
2 cuillères à café de sel fin
1 pincée de piment de Cayenne
1 cuillère à café de garam massala
1/2 cuillère à café de curcuma
1/2 cuillère à café de poivre
1 aubergine d'environ 500 g,
ou environ 12 grandes feuilles d'épinards
50 cl d'huile à friture

Mettez le yaourt dans une jatte et incorporez en fouettant la farine de pois chiches. Comme ce mélange a tendance à former des grumeaux, passez-le au tamis. Ajoutez le sel, le piment, le garam massala, le curcuma, le poivre et mélangez bien.

Laissez la jatte 1 heure dans un endroit frais (cela permettra à la farine d'absorber l'humidité du yaourt).

Coupez l'aubergine en cubes de 2-3 cm. Passez-les dans la pâte, puis faites-les cuire par fournées dans l'huile très chaude ; ils seront dorés au bout de 3 minutes. Retirez-les avec une écumoire et laissez-les égoutter sur du papier absorbant.

Si vous utilisez des épinards, retirez la côte centrale dure et coupez-les en carrés de 5 cm, puis faites-les cuire comme précédemment. Servez chaud.

Pour environ 12 beignets
Note : la farine de pois chiches étant plus absorbante que la farine de blé, il faut beaucoup de liquide pour une petite quantité de farine pour obtenir une pâte épaisse. Vous pouvez essayer ces beignets avec des garnitures sucrées ou salées : champignon, pomme, banane. Ces beignets peuvent être tenus au chaud 1 heure dans un four.

14

Pois chiches épicés ; beignets ; boulettes de viande hachée ; galettes de riz ; pain aux épinards (page 55)

15

Boulettes de viande hachée

Shami kebab

50 g de ghi
2 oignons moyens, pelés et coupés
en rondelles fines
2 gousses d'ail pelées et coupées
en tranches fines
1 piment vert, épépiné et haché
1 pincée de poivre noir
1 pincée de piment de Cayenne
2 cuillères à café de garam massala
1 cuillère à café de cumin moulu
1/2 cuillère à café de cannelle en poudre
2 cuillères à café de sel fin
100 g de pois chiches ayant trempé une nuit
dans 1 l d'eau froide
750 g de mouton ou de bœuf haché
2 cuillères à soupe de coriandre hachée
1 œuf battu
huile à friture

Pour décorer :
1 gros oignon pelé, coupé en tranches
et séparé en anneaux
feuilles de coriandre
2 tomates coupées en quartiers
1 citron coupé en quartier

Faites chauffer le ghi dans une grande poêle et faites revenir doucement 5 minutes les oignons, l'ail, le piment vert, les épices et le sel. Égouttez les pois chiches, mettez-les dans la poêle, couvrez-les d'eau froide. Portez à ébullition, couvrez et laissez frémir 1 heure. Augmentez le feu, ajoutez la viande et tournez jusqu'à ce que la viande soit cuite et le liquide absorbé. Laissez refroidir.

Passez le tout au mixeur, puis ajoutez la coriandre hachée et laissez 30 minutes au réfrigérateur.

Formez environ 10 boulettes, passez-les dans l'œuf. Faites chauffer l'huile dans une poêle et faites-y dorer les boulettes par fournées, en les retournant une fois. Décorez avec l'oignon, la coriandre, les tomates et le citron.

Pour 10 boulettes

Note : les Shami kebab forment une entrée assez consistante ; ils peuvent même faire un repas à eux tout seul. Ils sont un peu longs à préparer, mais le résultat en vaut la peine.

Soupe au curry

Mulligatawny

50 g de tamarin
1,2 l de bouillon de bœuf
50 g de ghi
1 gros oignon, pelé et émincé
2 gousses d'ail, pelées et émincées
1 cuillère à café de gingembre
2 cuillères à café de poivre noir moulu
2 cuillères à café de graines de coriandre moulues
1/2 cuillère à café de fenugrec
1 pincée de piment de Cayenne
1/2 cuillère à café de curcuma
1/2 cuillère à café de sel

Mettez le tamarin dans une casserole, et recouvrez-le à ras de bouillon, puis portez à ébullition. Retirez du feu, couvrez et laissez infuser 4 heures.

Faites fondre le ghi dans une casserole et faites revenir 4-5 minutes l'oignon et l'ail. Ajoutez les épices, le sel, et tournez 3 minutes. Incorporez le reste de bouillon. Filtrez le liquide du tamarin à travers un tamis, en pressant bien la pulpe, puis versez ce liquide dans la casserole et laissez frémir 15 minutes. Rectifiez l'assaisonnement avant de servir. Servez chaud.

Pour 4 personnes
Note : la soupe mulligatawny ne relève absolument pas de la tradition indienne ; elle fut créée quand l'Inde faisait partie de l'empire britannique, pour satisfaire les demandes des officiers anglais qui voulaient une soupe au dîner.

Gâteaux de lentilles corail

Bhalli

350 g de lentilles corail
1,75 l d'eau froide
1 cuillère à café de cumin moulu
1 pincée de piment de Cayenne
1 cuillère à café de sel fin
1/2 cuillère à café de poivre noir
25 g de feuilles de coriandre hachées
jus de 1 citron
225 g de yaourt nature

Lavez bien les lentilles. Égouttez-les, mettez-les dans une jatte et couvrez-les avec l'eau. Laissez tremper 36 heures.

Égouttez-les et passez-les au mixeur. En utilisant une mousseline, pressez pour éliminer le maximum d'eau des lentilles. Mettez cette pâte dans une jatte et mélangez-la avec le cumin, le piment, le sel, le poivre et la coriandre.

Formez 6 à 8 gâteaux de 5 cm de diamètre et de 1 cm d'épaisseur.

Posez-les dans la partie supérieure d'une cocotte à vapeur, couvrez et laissez cuire à la vapeur 1 heure. Si vous n'avez pas de cocotte à vapeur, mettez les gâteaux dans un plat creux, posez-le dans un plat à four rempli d'eau qui arrive à mi-hauteur du plat creux et faites cuire 1 heure dans un four à 190°. Retirez les gâteaux du plat et laissez-les refroidir complètement.

Mélangez le jus de citron avec le yaourt et nappez-en les gâteaux disposés dans un plat creux. Laissez au moins 2 heures au réfrigérateur avant de servir.

Pour 6 à 8 gâteaux

Gâteaux de semoule

Suji karkarias

225 g de semoule
75 cl de lait
175 g de cassonade
75 g de ghi fondu
graines de 20 gousses de cardamome
10 clous de girofle
25 g de pistaches décortiquées
3 œufs
huile à friture

Mettez la semoule dans une jatte et incorporez peu à peu le lait. Ajoutez le sucre, puis le ghi et mélangez bien.

Versez dans une casserole à fond épais et portez doucement à ébullition, sans cesser de tourner. Laissez frémir à feu doux, jusqu'à ce que le mélange ait la consistance d'une crème épaisse, puis laissez refroidir.

Pendant ce temps mettez les graines de cardamome dans un mortier avec la girofle et écrasez-les ; quand elles forment une poudre, incorporez-lui les pistaches.

Incorporez les œufs un à un dans la semoule, puis le mélange précédent.

Faites chauffer l'huile dans une poêle. Elle sera à point si elle grésille quand vous y mettrez une petit cuillère du mélange et qu'il remonte à la surface. Faites cuire par fournées ; quand les gâteaux sont dorés, retirez-les à l'aide d'une écumoire et égouttez-les sur du papier absorbant. Servez tiède ou froid.

Pour 20 gâteaux
Note : ils accompagneront bien un thé au citron. Ils peuvent se garder 1 semaine dans un récipient hermétique.

Chaussons à la viande ; soupe au curry ; gâteaux de lentilles corail

Chaussons à la viande

Samosa

Pâte :
225 g de farine
50 g de ghi
1/2 cuillère à café de sel fin
20 cl de lait (environ), mélangé avec un peu
de jus de citron
huile à friture

Garniture :
bœuf haché (kheema) (voir page 29)

Tamisez la farine dans une jatte, puis incorporez le ghi et le sel. Incorporez peu à peu le lait. Quand la pâte est homogène, laissez-la au réfrigérateur jusqu'au moment de l'utiliser.

Divisez la pâte en 25 boulettes de 2-3 cm de diamètre. Étalez-les en un cercle fin, puis coupez-les en deux. Répartissez le bœuf haché au centre de chaque demi-cercle, mouillez les bords et pliez-les autour de la viande, pour obtenir un triangle.

Faites-les cuire par fournées dans de l'huile à friture chaude, environ 1 minute. Retirez-les avec une écumoire et égouttez-les sur du papier absorbant. Servez chaud.
Pour environ 25 chaussons
Note : en Inde, les samosa sont servis en en-cas, mais ils peuvent aussi constituer un excellent hors-d'œuvre. Ils se gardent bien dans une boîte hermétique ; passez-les quelques minutes sous le gril avant de les servir.

Crêpes de riz

Hoppers

2 cuillères à soupe de noix de coco râpée
20 cl d'eau froide
225 g de riz basmati ou patna
1/2 cuillère à café de bicarbonate de soude
1/2 cuillère à café de sel
25 g de beurre

Faites tremper la noix de coco dans l'eau 4 heures. Passez le riz au mixeur.

Incorporez au riz l'eau de la noix de coco filtrée, ainsi que le bicarbonate de soude et le sel. Fouettez pour obtenir une pâte homogène et laissez reposer 12 heures, afin que le riz absorbe le liquide.

Fouettez bien la pâte. Beurrez légèrement une poêle, versez juste assez de pâte pour couvrir le fond de la poêle. Laissez cuire 30 secondes pour que le centre de la crêpe devienne solide, puis faites-la glisser sur un plat chaud. Préparez de la même façon les autres crêpes, en rajoutant un peu de beurre si nécessaire. Servez chaud.
Pour 25 à 30 crêpes
Note : les hopper sont des crêpes très fines, cuites traditionnellement dans une poêle en fonte à deux anses (chatty). La pâte est versée dans la poêle brûlante, puis en saisissant les deux anses on la fait pivoter pour que la pâte recouvre les bords avant de revenir vers le centre, laissant sur le pourtour une pellicule fine, qui devient cassante en cuisant.

Légumes frais et secs

En Occident, on tend actuellement à consommer moins de viande et par conséquent les curries de légumes ont de plus en plus de succès. Ce chapitre présente une agréable variété de plats végétariens et montre comment les rendre attrayants par un subtil mélange de couleurs, de textures et de saveurs. Les menus végétariens de la page 11 montrent comment les recettes de ce chapitre peuvent être assemblées pour composer un repas appétissant et attrayant.

18

Foogath de gombos

Bhindi foogath

50 g de ghi
1 gros oignon pelé et coupé en rondelles
3 gousses d'ail pelées et émincées
1 morceau de gingembre frais pelé et haché
1 piment vert évidé et haché
1 pincée de piment de Cayenne
500 g de gombos équeutés
20 cl d'eau
sel
2 cuillères à café de noix de coco râpée

Faites fondre le ghi dans une grande casserole et faites revenir doucement l'oignon, l'ail, le gingembre et les piments 4-5 minutes, en tournant de temps en temps.

Ajoutez les gambas, l'eau, le sel, portez à ébullition, couvrez et laissez frémir 5-10 minutes. Les gambas doivent être tendres, mais encore fermes. Ajoutez la noix de coco et servez chaud.

Pour 4 personnes

Note : originaire du sud de l'Inde, le foogath ressemble au sambal ; la différence est que le foogath est cuit et utilise souvent des restes de légumes, et aussi que c'est le parfum du gingembre qui y prédomine.

Petits pois au fromage blanc

Katar panir

100 g de ghi
500 g de fromage blanc indien (voir page 13), coupé en cubes
1 oignon pelé et coupé en rondelles
1 cuillère à café de gingembre en poudre
1/2 cuillère à café de cumin moulu
1 pincée de piment de Cayenne
1/2 cuillère à café de sel
500 g de petits pois cuits
2 tomates hachées

Faites fondre le ghi dans une poêle moyenne et faites dorer de tous côtés les cubes de fromage. Retirez-les avec une écumoire, égouttez-les sur du papier absorbant et laissez-les de côté.

Ajoutez l'oignon dans la poêle et faites-le revenir doucement 4-5 minutes, puis ajoutez les épices, le sel, et tournez 3 minutes.

Ajoutez les petits pois et les tomates, puis les cubes de fromage, mélangez délicatement, pour ne pas casser les cubes de fromage, et laissez chauffer. Servez chaud.

Pour 4 personnes

Note : les épices utilisées, légères, ne masquent pas la saveur du fromage blanc ; vous pouvez utiliser d'autres légumes que les petits pois et les tomates.

Foogath de gombos ; petits pois au fromage blanc

Salade

Salat

1 laitue
1 cuillère à café de sel fin
1 cuillère à café de poivre noir
1 pincée de piment de Cayenne
4 tomates
1/2 concombre
1 gros oignon pelé
2 cuillères à café de graines de coriandre
jus de 1 citron
2 piments verts (facultatif), équeutés
et coupés en morceaux de 5 mm
1/2 cuillère à café de paprika pour décorer

Lavez les feuilles de laitue et essuyez-les dans du papier absorbant. Mélangez le sel, le poivre et le piment. Empilez 5 feuilles de laitue les unes sur les autres en saupoudrant chacune du mélange d'épices, puis coupez-les en laniè-res de 2 cm et recommencez avec le reste des feuilles.

Mettez ces lanières de salade dans un grand saladier et ajoutez les tomates et le concombre hachés, puis mélangez délicatement. Coupez la moitié de l'oignon en rondelles et hachez grossièrement l'autre moitié. Mélan-gez les morceaux dans le saladier.

Faites revenir à sec les graines de coriandre dans une poêle, puis écrasez-les grossièrement dans un mortier, ajoutez à la salade ainsi que le jus de citron. Répartissez les rondelles d'oignon sur la salade, puis les morceaux de piments. Mettez à glacer au réfrigérateur et saupou-drez de paprika avant de servir.

Pour 8 à 10 personnes

Note : les salades indiennes sont composées d'ingré-dients coupés fin et mélangés avec des épices variées ; certaines sont très épicées. Vous pouvez varier toutes les combinaisons de légumes pour cette salade : vous pouvez remplacer la laitue par du chou chinois et le con-combre par du céleri-branche.

Épinards aux tomates ; riz aux lentilles

Curry de pommes de terre et de chou-fleur

Gobi mussalum

500 g de pommes de terre,
pelées et coupées en cubes de 2 cm
500 g de chou-fleur,
séparé en bouquets
sel
75 g de ghi
1 oignon moyen, pelé et haché
2 gousses d'ail, pelées et hachées
1 morceau de 5 cm de gingembre frais,
pelé et haché
2 cuillères à café de graines de coriandre
1 cuillère à café de graines d'oignon
1 cuillère à café de curcuma
1 pincée de piment de Cayenne
1 cuillère à café de poivre noir moulu
50 g de concentré de tomates
2 cuillères à café de garam massala

Faites cuire (dans deux casseroles séparées) les pommes de terre et le chou-fleur à l'eau bouillante salée, environ 5-10 minutes.

Pendant ce temps, faites fondre le ghi dans une grande casserole et faites revenir doucement 4-5 minutes l'oignon, l'ail et le gingembre. Ajoutez la coriandre, les graines d'oignon et laissez revenir 30 secondes. Ajoutez le curcuma, le piment, le poivre, 1 cuillère à café de sel et tournez 2 minutes. Incorporez le concentré de tomates.

Égouttez les pommes de terre et le chou-fleur, et mettez de côté un peu d'eau de cuisson du chou-fleur. Ajoutez-les dans la casserole et tournez-les dans la sauce. Si le curry vous semble un peu trop sec, ajoutez un peu d'eau de cuisson du chou-fleur. Laissez cuire 5-6 minutes, puis répartissez le garam massala et laissez cuire encore 1 minute. Servez chaud.
Pour 6 à 8 personnes

Riz aux lentilles

Kitcheri

350 g de riz basmati
175 g de lentilles
100 g de ghi
1 gros oignon, pelé et coupé en rondelles
2 gousses d'ail, pelées et coupées en lamelles
1 1/2 cuillère à café de curcuma
10 clous de girofle
6 gousses de cardamome
1 bâton de cannelle de 7 cm
sel
1 cuillère à café de poivre noir moulu
1 l d'eau bouillante

Lavez le riz et les lentilles, mettez-les dans une jatte et couvrez-les d'eau froide. Laissez tremper 2 heures.

Faites fondre le ghi dans une grande casserole et faites revenir doucement l'oignon et l'ail 4-5 minutes. Ajoutez les épices, salez, poivrez et tournez 3 minutes.

Égouttez le riz et les lentilles, ajoutez-les dans la casserole et tournez-les 5 minutes pour qu'ils soient bien enrobés du mélange. Ajoutez l'eau, portez à ébullition, couvrez et laissez frémir 20-30 minutes.

Retirez le couvercle, laissez encore bouillir pour que l'excès de liquide s'évapore, en tournant sans cesse pour éviter que le riz ne colle au fond de la casserole. Servez aussitôt.

Pour 4 personnes
Note : ce plat indien est devenu mondialement célèbre dans sa variante *kedgeree*. Il est cependant toujours grandement apprécié en Inde, surtout sur les côtes du Kerala, où les kitcheri aux fruits de mer sont réputés. La recette donnée ici est celle du kitcheri de base, aux lentilles.

Curry de bananes

Kela kari

50 g de ghi
1 morceau de gingembre frais de 7 cm,
pelé et coupé en tranches fines
1 cuillère à soupe de garam massala
2 cuillères à café de cumin
1 pincée de piment de Cayenne
1 cuillère à café de curcuma
1 cuillère à café de sel fin
1 cuillère à café de poivre noir moulu
750 g de bananes pas trop mûres, pelées et coupées
en morceaux de 2 cm
500 g de yaourt nature
jus de 1 citron
feuilles de coriandre ou de persil, pour décorer

Faites fondre le ghi dans une grande casserole et faites revenir doucement le gingembre 4-5 minutes. Ajoutez le garam massala, le cumin, le piment, le curcuma, le sel, le poivre, et tournez 2 minutes.

Ajoutez les bananes et tournez délicatement pour qu'elles soient bien couvertes d'épices.

Mélangez le yaourt avec le jus de citron, puis versez doucement dans la casserole et mélangez bien. Portez à ébullition sans cesser de tourner, puis baissez le feu et laissez frémir 10 minutes. Transférez sur un plat de service chaud, décorez avec les feuilles de coriandre et de persil, avant de servir.

Pour 8 à 10 personnes
Note : on trouve de nombreuses variétés de bananes en Inde, où elles constituent une part importante de l'alimentation végétarienne. Veillez à ce qu'elles ne soient pas trop mûres, autrement elles se désagrègeraient dans la sauce.

Épinards aux tomates

Saag tamatar

1 kg d'épinards frais
175 g de ghi
2 gros oignons, pelés et coupés en rondelles fines
2 gousses d'ail, pelées et coupées en tranches fines
150 g de gingembre frais
1 pincée de piment de Cayenne
2 cuillères à café de curcuma
2 cuillères à café de garam massala
2 cuillères à café de graines de coriandre
1 cuillère à café de coriandre moulue
1 cuillère à café de cumin
1 1/2 cuillère à café de sel
2 cuillères à café de poivre noir moulu
1 boîte (400 g) de tomates

Lavez les épinards, égouttez-les, puis coupez-les en lanières de 2 cm de large et jetez les queues. Faites fondre le ghi dans une grande casserole et faites revenir doucement 4-5 minutes les oignons et l'ail.

Pelez le gingembre et coupez-le en lanières de 3 mm d'épaisseur. Mettez-les dans la casserole et laissez cuire doucement 5-6 minutes. Ajoutez le piment, le curcuma, le garam massala, la coriandre, le cumin, le sel, le poivre, et tournez 1 minute.

Ajoutez les épinards, tournez-les bien, puis ajoutez les tomates et leur jus, et portez à ébullition, tout en tournant. Versez suffisamment d'eau pour éviter que les épinards n'attachent. Mélangez bien et laissez frémir 5-10 minutes : les épinards, comme les tomates, doivent être parfaitement cuits. Servez chaud.

Pour 4 à 6 personnes
Note : si vous n'avez pas d'épinards frais, utilisez des épinards congelés, en diminuant le poids demandé de moitié.

21

Épinards épicés

Tali saag

50 g de ghi
1 petit oignon, pelé et coupé en rondelles fines
1 cuillère à café de garam massala
1 cuillère à café de sel
500 g d'épinards frais, lavés et équeutés

Faites fondre le ghi dans une casserole et faites revenir doucement l'oignon 4-5 minutes. Ajoutez le garam massala, le sel et tournez 2 à 3 minutes. Ajoutez les épinards et tournez 5 minutes. Transférez dans un plat de service chaud et servez aussitôt.
Pour 4 à 6 personnes
Note : si vous utilisez des épinards congelés, divisez le poids demandé par deux.

Curry de gombos

Bindhi bhajji

500 g de gombos
75 g de ghi
1 gros oignon, pelé et coupé en tranches fines
2 gousses d'ail, pelées et coupées en tranches fines
1 morceau de gingembre frais de 7-8 cm, pelé et coupé en tranches fines
1 1/2 cuillère à café de cumin moulu
1 1/2 cuillère à café de curcuma
1 cuillère à café de coriandre moulue
1 cuillère à café de poivre noir moulu
1 cuillère à café de sel fin
1 boîte (100 g) de tomates
15 cl d'eau bouillante
1 cuillère à soupe de garam massala

Retirez les parties abîmées des gombos. Lavez-les à l'eau froide, équeutez-les et coupez-les en rondelles de 1 cm d'épaisseur.

Faites fondre le ghi dans une grande casserole et faites revenir doucement l'oignon, l'ail et le gingembre, 4-5 minutes. Ajoutez les épices, le sel, mélangez et laissez encore revenir 3 minutes. Ajoutez les gombos et tournez-les délicatement pour qu'ils soient bien couverts du mélange.

Ajoutez les tomates et leur jus, augmentez le feu, puis ajoutez l'eau. Portez à ébullition et laissez frémir environ 10 minutes. Les gombos doivent être cuits, mais encore croquants. Saupoudrez de garam massala et tournez 1 minute. Servez chaud.
Pour 4 à 6 personnes
Note : ce légume est très connu dans le monde tropical et on en trouve aussi bien dans les recettes africaines ou antillaises, qu'indiennes ou chinoises. Comme tous les légumes verts, les gombos sont meilleurs frais qu'en boîte. Vous reconnaîtrez leur fraîcheur à leur couleur très verte, à l'absence de taches noires, et au son sec quand vous les cognez. Faites attention en les manipulant : un gombo frais est pourvu de petites épines qui se ramollissent à la cuisson et qui peuvent être dangereuses pour vos yeux.

Aubergines aux tomates

Baigan tamatar

750 g d'aubergines
jus de 1 citron
175 g de ghi
2 oignons moyens, pelés et coupés en rondelles fines
4 gousses d'ail, pelées et coupées en tranches fines
1 morceau de gingembre frais de 7 cm, pelé et coupé en tranches fines
2 cuillères à café de graines d'oignon
1 bâton de cannelle de 7 cm
2 cuillères à café de coriandre en grains
2 cuillères à café de cumin
2 cuillères à café de poivre noir moulu
2 cuillères à café de sel fin
2 cuillères à café de garam massala
1 1/2 cuillère à café de curcuma
1 pincée de piment de Cayenne
1 boîte (400 g) de tomates
100 g de concentré de tomates
50 cl d'eau bouillante
piments rouges secs, pour décorer

Coupez les aubergines en deux dans le sens de la longueur, puis en morceaux de 2 cm d'épaisseur. Mettez ces morceaux dans une jatte et arrosez-les de jus de citron. Mélangez-les bien.

Faites fondre le ghi dans une grande casserole et faites revenir doucement 4-5 minutes les oignons, l'ail et le gingembre. Ajoutez et mélangez les graines d'oignon, la cannelle, la coriandre, le cumin. Laissez revenir 2 minutes, puis incorporez le poivre, le sel, le garam massala, le curcuma et le piment.

Ajoutez les tomates et leur jus, le concentré de tomates et portez à ébullition. Ajoutez l'eau, les morceaux d'aubergine et le jus de citron. Portez à ébullition, puis laissez frémir 15-20 minutes. Décorez avec les piments et servez aussitôt.
Pour 4 à 6 personnes
Note : la combinaison des tomates entières avec le concentré de tomates met en valeur le parfum des aubergines. Choisissez des aubergines fermes, de teinte foncée et non ridées.

22

Aubergines aux tomates ; épinards épicés ; curry de pommes de terre et de chou-fleur (page 20)

Ragoût de lentilles corail

Tarka dal

500 g de lentilles corail
50 g de ghi
1 oignon moyen, pelé et coupé en rondelles fines
1 gousse d'ail, pelée et coupée en tranches fines
1 1/2 cuillère à café de curcuma
1/2 cuillère à café de sel fin
1 cuillère à café de poivre noir moulu
1 l d'eau
2 piments verts, évidés et égrenés

Pour terminer :
2 cuillères à soupe d'huile de sésame
4 gousses d'ail, pelées et coupées en tranches fines
1 petit oignon, pelé et coupé en rondelles fines

Triez les lentilles et retirez les cailloux. Lavez-les à l'eau froide et égouttez-les.

Faites fondre le ghi dans une grande casserole et faites revenir doucement l'oignon et l'ail 4-5 minutes. Ajoutez le curcuma, le sel, le poivre, puis les lentilles, et mélangez bien.

Ajoutez l'eau, portez à ébullition et ajoutez les piments. Laissez bouillir 20 minutes, en tournant de temps en temps ; les lentilles doivent former une sauce jaune et avoir la consistance d'une crème épaisse (vous pouvez avoir à rajouter un peu d'eau en cours de cuisson, selon la capacité d'absorption des lentilles). Versez dans un plat de service chaud, couvrez et tenez au chaud dans un four à 180°.

Faites chauffer l'huile dans une poêle ; quand elle fume, faites revenir l'oignon et l'ail rapidement jusqu'à ce que l'ail noircisse, puis versez sur le ragoût.

Pour 4 à 6 personnes

Note : le dal est le plat le plus répandu dans toute l'Inde. Vous pouvez le préparer avec toutes sortes de lentilles, mais le secret de cette recette tient dans la dernière étape de la préparation.

Épinards aux crevettes

Saag jhinga

50 g de ghi
1 gros oignon, pelé et émincé
2 gousses d'ail, pelées et émincées
1 cuillère à soupe de concentré de tomates
1/2 cuillère à café de garam massala
1 1/2 cuillère à café de coriandre moulue
1/2 cuillère à café de curcuma
1 pincée de piment de Cayenne
1/2 cuillère à café de gingembre en poudre
1 cuillère à café de sel fin
500 g d'épinards en branche cuits
500 g de crevettes décortiquées

Faites fondre le ghi dans une casserole et faites revenir doucement l'oignon et l'ail 4-5 minutes. Ajoutez le concentré de tomates et tournez 1 minute. Ajoutez les épices, le sel, et tournez encore 5 minutes.

Ajoutez les épinards et, avec une cuillère en bois, incorporez-leur longuement la sauce en tournant. Ajoutez les crevettes, laissez cuire encore 5 minutes et tournez doucement. Servez aussitôt.
Pour 4 personnes

Riz aux légumes

Subzi palao

225 g de légumes mélangés, en dés
100 g de poivron rouge et vert, épépinés et coupés en dés
100 g de courgettes émincées
2 cuillères à soupe de cumin moulu
2 cuillères à soupe de coriandre moulue
1 bonne pincée de piment de Cayenne
2 cuillères à café de curcuma
4 cuillères à café de grains de poivre noir écrasés
2 cuillères à café de sel fin
100 g de ghi
4 gros oignons, pelés et émincés
5 gousses d'ail, pelées et émincées
2 morceaux de gingembre frais de 7 cm, pelés et émincés
2 bâtons de cannelle de 7 cm
20 gousses de cardamone
20 clous de girofle
150 g de riz basmati
2 l d'eau bouillante
75 g de raisins de Smyrne
50 g d'amandes effilées

Mélangez dans une jatte les légumes, les poivrons et les courgettes ; mélangez dans une autre jatte les épices et le sel.

Faites fondre la moitié du ghi dans une grande casserole. Ajoutez la moitié des épices, faites revenir 1-2 minutes, ajoutez les légumes et tournez-les pour qu'ils soient bien enrobés. Retirez-les avec une écumoire,

mettez-les dans une jatte et tenez-les au chaud dans un four à 150°.

Faites fondre le reste de ghi dans la casserole et faites revenir doucement les oignons, l'ail et le gingembre 4-5 minutes. Ajoutez la cannelle, la cardamome, les clous de girofle et tournez 3-4 minutes. Ajoutez le reste des épices et laissez revenir 2 minutes.

Lavez le riz, égouttez-le, ajoutez-le dans la casserole et tournez bien. Ajoutez l'eau et laissez frémir, sans couvrir, jusqu'à ce que le riz soit cuit mais encore ferme, en tournant de temps en temps pour qu'il ne colle pas. Si nécessaire, rajoutez un peu d'eau bouillante.

Égouttez-le, mélangez-le avec les légumes et disposez-le dans un plat de service. Décorez avec les raisins et les amandes.
Pour 6 à 8 personnes

Aubergines farcies

Baigan

4-6 aubergines moyennes
10 cl d'eau
1 feuille de laurier
100 g de ghi
1 gros oignon, pelé et haché
2 gousses d'ail, pelées et hachées
2 cuillllères à café de graines de coriandre
1 pincée de piment
1 cuillère à café de sel fin

Pour décorer :
piments rouges secs
feuilles de coriandre

Coupez les aubergines en deux dans la longueur, posez-les dans un plat, la partie coupée apparente. Versez l'eau, ajoutez le laurier, couvrez de papier aluminium et laissez 25 minutes au four à 160°.

Faites fondre le ghi dans une casserole et faites revenir doucement 4-5 minutes l'oignon et l'ail. Écrasez les graines de coriandre et ajoutez-les au mélange ainsi que le piment et le sel. Mélangez bien et laissez cuire 2-3 minutes.

Retirez les aubergines de l'eau et essuyez-les. Évidez-les délicatement et mettez de côté les enveloppes. Écrasez la chair d'aubergine, incorporez-la au mélange précédent et tournez 2-3 minutes.

Passez les peaux d'aubergine 5 minutes sous le gril, puis répartissez dedans le mélange précédent. Disposez les aubergines sur un plat de service chaud et décorez avec les piments et la coriandre. Servez aussitôt.
Pour 4 à 6 personnes

Riz aux légumes ; curry de bananes (page 21) ; aubergines farcies ; lentilles vertes aux épices ; bouchées au miel (page 62) ; glace à la mangue (page 60)

Lentilles vertes aux épices

Moongh dal

225 g de lentilles indiennes vertes
1 l d'eau
1 cuillère à café de sel
50 g de ghi
1 oignon moyen, pelé et coupé en rondelles fines
2 gousses d'ail, pelées et coupées en tranches fines
2 cuillères à café de garam massala
1 cuillère à café de curcuma
1 pincée de piment de Cayenne
1 cuillère à café de graines de cumin
2 cuillères à soupe de feuilles de coriandre coupées fin

Lavez les lentilles et laissez-les tremper dans de l'eau froide 1 heure. Égouttez-les, puis mettez-les dans une casserole avec l'eau et le sel. Portez à ébullition, puis laissez frémir 1 heure, en tournant de temps en temps pour éviter qu'elles n'attachent ; ajoutez de l'eau si nécessaire. Tenez-les au chaud sur feu très doux, pendant la préparation des épices.

Faites fondre le ghi dans une poêle et faites revenir doucement l'oignon et l'ail 4-5 minutes. Ajoutez le garam massala, le curcuma, le piment, le cumin, et tournez 1 minute. Versez sur les lentilles et incorporez la moitié des feuilles de coriandre. Transférez sur un plat de service chaud, répartissez le reste de feuilles de coriandre et servez aussitôt.

Pour 4 à 6 personnes
Note : vous trouverez les lentilles indiennes vertes dans les épiceries orientales. Si vous n'en trouvez pas, remplacez-les par des lentilles corail.

Pommes de terre aux épices

Dum aloo

750 g de pommes de terre nouvelles
50 g de ghi
2 oignons moyens, pelés et hachés
1 pincée de piment de Cayenne
1 cuillère à café de garam massala
1 cuillère à café de curcuma
1/2 cuillère à café de gingembre en poudre
1 cuillère à café de sel fin
1 cuillère à café de poivre noir moulu
150 g de yaourt nature
100 g de concentré de tomates

Grattez les pommes de terre, mais ne les pelez pas, puis coupez-les en deux ou quatre selon leur grosseur. Faites fondre le ghi dans une poêle et faites revenir les oignons à feu doux 3-4 minutes. Ajoutez les épices, le sel, le poivre, et tournez 1 minute. Incorporez le yaourt et le concentré de tomates, puis laissez cuire 1 minute.

Mettez les pommes de terre dans une cocotte, versez dessus la sauce, couvrez et faites cuire environ 45 minutes, dans un four à 180°. Servez chaud.

Pour 4 à 6 personnes
Note : traditionnellement ce plat est cuit dans une casserole avec un couvercle concave, sur un feu à charbon. Les braises sont disposées tout autour de la casserole et on en met quelques-unes dans le couvercle de la casserole. De cette façon, la vapeur est maintenue au-dessus des ingrédients, ce qui permet d'en conserver l'humidité.

25

Viandes

Le mot curry vient du tamoul *kari*, qui signifie sauce. Pour une majorité d'Indiens, cette sauce épaisse et sombre est très importante, car c'est la seule façon de donner du goût à des ingrédients simples. Cette sauce n'est pas épaissie à la farine, mais par l'emploi d'ingrédients comme l'oignon, le gingembre et l'ail. La couleur brune vient de ce que les ingrédients sont soigneusement frits. Utilisez des ingrédients de bonne qualité et le résultat sera un plat magnifique.

26

Boulettes farcies aux œufs durs

Nargisi kofta

7 œufs
500 g de bœuf haché
1 1/2 cuillère à café de poivre noir
1 cuillère à café de sel fin
2 gousses d'ail, pelées et hachées
1 cuillère à café de cumin moulu
1 bouquet de coriandre
huile à friture

Sauce :
150 g de ghi
4 gros oignons, pelés et coupés en rondelles fines
3 gousses d'ail, pelées et coupées en lamelles fines
1 morceau de gingembre de 10 cm, pelé et coupé en tranches fines
1 cuillère à café de sel fin
2 cuillères à café de poivre noir
1/2 cuillère à café de piment de Cayenne
1 1/2 cuillère à café de curcuma
150 g de concentré de tomates
50 cl de bouillon de bœuf
2 cuillères à café de garam massala

Faites cuire 6 œufs durs et laissez-les refroidir.
Mélangez la viande avec le poivre, le sel, l'ail, le cumin et la plupart des feuilles de coriandre (gardez-en quelques-unes pour décorer). Passez le tout au mixeur avec le dernier œuf battu. Séparez en 6 parts.

Écalez les œufs durs et enrobez chacun de viande hachée pour former une boule. Versez environ 1 cm d'huile dans une poêle et faites-la chauffer, puis faites dorer les boulettes de tous côtés environ 8-10 minutes. Retirez-les avec une écumoire, égouttez-les sur du papier absorbant et tenez-les au chaud au four.

Pour la sauce, faites fondre le ghi dans une grande poêle et faites revenir doucement l'oignon, l'ail et le gingembre 4-5 minutes. Ajoutez le sel, le poivre, le piment, le curcuma et tournez 2 minutes. Incorporez le concentré de tomates, le bouillon et portez à ébullition. Laissez bouillir 5 minutes.

Mettez les boulettes dans la sauce et laissez cuire à feu doux 15 minutes. Ajoutez le garam massala et tournez. Transférez dans un plat de service chaud et décorez avec les feuilles de coriandre mises de côté, avant de servir.
Pour 6 personnes

Curry de bœuf de Calcutta

Calcutta gosht

1 kg de viande de bœuf à braiser
1 cuillère à café de sel fin
1 pincée de piment
2 cuillères à café de coriandre moulue
1 cuillère à café de poivre noir moulu
1 1/2 cuillère à café de curcuma
1 cuillère à café de cumin moulu
1 l de lait
100 g de ghi
2 gros oignons, pelés et coupés en rondelles fines
5 gousses d'ail, pelées et coupées en lamelles fines
1 morceau de gingembre de 8 cm, pelé et coupé en tranches fines
2 cuillères à café de garam massala

Coupez le bœuf en cubes de 4 cm de côté et prenez soin de retirer alors tous les morceaux gras ou durs. Mettez le sel et les épices, sauf le garam massala, dans une grande jatte. Délayez-les avec un peu de lait pour obtenir une pâte, puis incorporez peu à peu le reste de lait. Ajoutez les cubes de viande et tournez-les dans cette pâte pour qu'ils soient bien nappés.

Faites fondre le ghi dans une casserole et faites revenir doucement les oignons, l'ail et le gingembre 4-5 minutes. Retirez les cubes de viande de la jatte avec une écumoire et faites-les revenir dans la poêle, en les tournant de tous côtés.

Augmentez le feu, ajoutez le reste de lait aux épices et portez à ébullition. Couvrez et laissez cuire à feu doux 1 h 30 à 2 heures.

Juste avant de servir, saupoudrez le curry de garam massala. Augmentez le feu et laissez bouillir pour réduire l'excès de liquide. Transférez le curry dans un plat de service chaud et servez aussitôt.

Pour 4 à 6 personnes
Note : à Calcutta, ce curry est surtout préparé avec du mouton ou de la chèvre.

Curry de bœuf de Calcutta ; agneau aux épices (page 31)

Curry de Madras

Madrasi kari

100 g de ghi
500 g de bœuf à braiser, coupé en cubes de 2 cm
1 gros oignon, pelé et coupé en rondelles
3 gousses d'ail, pelées et coupées en lamelles
1 1/2 cuillère à café de coriandre moulue
2 cuillères à café de curcuma
1 cuillère à café de gingembre en poudre
1 cuillère à café de cumin moulu
2 cuillères à café de piment de Cayenne
2 cuillères à café de garam massala
1 cuillère à café de sel fin
1 1/2 cuillère à café de poivre noir moulu
20 cl d'eau

Faites fondre le ghi dans une grande casserole et faites dorer les cubes de viande. Retirez-les et faites revenir doucement dans la casserole l'oignon et l'ail 4-5 minutes. Ajoutez les épices, le sel, le poivre, et tournez 3 minutes

Remettez la viande et laissez cuire 3 minutes, en tournant pour qu'elle soit bien enrobée par les épices. Versez l'eau, portez à ébullition, couvrez et laissez mijoter doucement 1 h 30. Servez chaud.
Pour 4 personnes
Note : ce curry de bœuf est un des plus épicés !

28

Curry de boulettes

Kofta kari

500 g de bœuf haché
2 gros oignons, pelés et hachés
4 gousses d'ail, pelées et hachées
2 cuillères à café de curcuma
1 bonne pincée de piment de Cayenne
2 cuillères à café de coriandre moulue
1 1/2 cuillère à café de cumin moulu
1 cuillère à café de gingembre moulu
2 cuillères à café de sel fin
1 œuf battu
huile à friture
100 g de ghi
20 cl d'eau
feuilles de menthe ou de coriandre, pour décorer

Mettez la viande dans une jatte et mélangez-la avec la moitié des oignons, de l'ail, des épices et du sel. Liez avec l'œuf.

Séparez le mélange en 12 boulettes. Faites chauffer l'huile dans une poêle et faites revenir les boulettes 5 minutes par fournées. Retirez-les avec une écumoire et égouttez-les sur du papier absorbant, puis mettez-les de côté.

Faites fondre le ghi dans une grande poêle et faites revenir doucement le reste d'oignon et d'ail 4-5 minutes. Ajoutez le reste des épices et de sel, et tournez 3 minutes. Ajoutez les boulettes et tournez-les pour qu'elles

soient bien couvertes. Versez l'eau, portez à ébullition et laissez frémir 30 minutes. Décorez avec la menthe ou la coriandre, et servez aussitôt.
Pour 4 personnes

Boulettes de viande sauce curry

Kofta ka Salan

500 g de bœuf haché
1 cuillère à café de garam massala
1/2 cuillère à café de gingembre moulu
1/2 cuillère à café d'ail en poudre
1 cuillère à café de cumin moulu

Sauce :
25-40 g de ghi
1 oignon, pelé et haché
2-3 cm de bâton de cannelle
4 gousses de cardamome
1 feuille de laurier
4 clous de girofle
1 cuillère à café de pâte de gingembre
ou de gingembre moulu
1 cuillère à café de pâte d'ail ou d'ail en poudre
1/2 cuillère à café de piment de Cayenne
1 cuillère à café de coriandre moulue
1/2 cuillère à café de curcuma
15 cl de yaourt nature
sel
50 cl environ d'eau

Mélangez dans une jatte la viande hachée avec le garam massala, le gingembre, l'ail et le cumin. Mettez de côté.

Pour la sauce, chauffez le ghi dans une grande poêle et faites dorer légèrement l'oignon. Ajoutez la cannelle, la cardamome, le laurier et les clous de girofle, et laissez dorer 1 minute. Retirez la poêle du feu et incorporez les pâtes, ou poudres, de gingembre et d'ail, le piment, la coriandre et le curcuma.

Remettez sur le feu et chauffez doucement 30 secondes. Ajoutez le yaourt et le sel. Couvrez et laissez cuire jusqu'à ce que le mélange soit sec, que le ghi se sépare des épices et remonte en surface. Versez alors progressivement l'eau, couvrez et laissez mijoter 10 à 12 minutes.

Reprenez la viande et divisez-la en 16 boulettes. Faites-les glisser, une à une, dans la sauce. Couvrez et laissez cuire, à feu doux, 30 à 40 minutes. La sauce peut être modifiée en épaisseur et en quantité par l'adjonction d'eau, ou au contraire en la laissant réduire.
Variante : si vous le désirez, cette recette peut être utilisée comme base pour les boulettes farcies aux œufs durs (Nargisi Kofta), page 26.

Curry de boulettes ; curry de bœuf au yaourt

29

Curry de bœuf au yaourt

Pasanda

500 g de bœuf à braiser, en tranches fines
1 cuillère à café de sel
30 cl de yaourt nature
175 g de ghi
1 gros oignon, pelé et émincé
3 gousses d'ail, pelées et émincées
1 1/2 cuillère à café de gingembre en poudre
2 cuillères à café de coriandre moulue
1 bonne pincée de piment de Cayenne
1/2 cuillère à café de cumin moulu
1 1/2 cuillère à café de curcuma
1 cuillère à café de garam massala

Mettez les tranches de viande entre deux feuilles de papier paraffiné et aplatissez-les avec un rouleau jusqu'à ce qu'elles soient très fines. Passez-les dans le sel et coupez-les en portions, puis mettez-les dans une jatte et couvrez-les avec le yaourt. Couvrez et laissez mariner une nuit au réfrigérateur.

Faites fondre le ghi dans une grande casserole et faites revenir doucement l'oignon et l'ail 4-5 minutes. Ajoutez les épices et tournez 3 minutes.

Ajoutez la viande, le yaourt, mélangez bien, couvrez et laissez mijoter 1 h 30. Servez chaud.

Pour 4 personnes
Note : ce plat est originaire du nord de l'Inde. On le prépare généralement avec du bœuf, mais vous pouvez aussi le faire avec de l'agneau.

Bœuf haché aux épices

Keema

50 g de ghi
2 gros oignons pelés et émincés
2 gousses d'ail pelées et émincées
1 cuillère à café de curcuma
1 bonne pincée de piment de Cayenne
1/2 cuillère à café de coriandre moulue
1/2 cuillère à café de cumin
1 cuillère à café de sel
1 cuillère à café de poivre noir moulu
500 g de bœuf haché

Faites fondre le ghi dans une grande casserole et faites revenir doucement les oignons et l'ail 4-5 minutes. Ajoutez les épices, le sel, le poivre, et tournez 3 minutes.

Ajoutez la viande et tournez jusqu'à ce qu'elle soit dorée. Continuez à tourner jusqu'à ce que la viande soit cuite et le curry sec (comptez environ 10 minutes). Servez chaud.

Pour 4 personnes
Notes : ce plat facile à préparer est souvent servi au cours de banquets. Utilisez une viande de bœuf de qualité. Si vous les aimez, vous pouvez rajouter des petits pois et des pommes de terre cuites coupées en dés.

Brochettes de bœuf

Seekh kebab

750 g de bœuf haché
2 gros oignons, pelés et hachés gros
4 gousses d'ail, pelées et hachées gros
75 g de mie de pain
3 cuillères à soupe de feuilles de coriandre hachées
2 cuillères à café de garam massala
1 cuillère à café de poivre noir moulu
1 1/2 cuillère à café de graines de pavot
1 1/2 cuillère à café de graines de sésame
1 pincée de piment de Cayenne
1 1/2 cuillère à café de sel fin
2 œufs battus

Pour décorer :
feuilles de laitue
rondelles de citron vert
oignon haché

Passez au mixeur la viande, les oignons et l'ail, puis mélangez-les avec le reste des ingrédients. Pétrissez 1 minute et laissez au réfrigérateur 30 minutes.

Faites des saucisses d'environ 10 cm de long et pressez-les sur 6 brochettes (vous devez pouvoir en mettre 2 par brochette). Faites cuire sur le barbecue 10 minutes, en les tournant souvent. Décorez avec la laitue, le citron et l'oignon. Servez chaud.

Pour 4 à 6 personnes
Notes : ces boulettes seront meilleures cuites sur des brochettes en métal, qui permettent une bonne cuisson externe et interne.

Bœuf aux épices

Bhuna gosht

50 g de ghi
500 g de bœuf, coupé en lamelles
1 petit oignon, pelé et coupé en rondelles
2 gousses d'ail, pelées et coupées en lamelles
1 pincée de piment de Cayenne
1 cuillère à café de cumin moulu
1 cuillère à café de garam massala
1/2 cuillère à café de poivre noir moulu
1 petit piment rouge, évidé et coupé en lamelles
1/2 cuillère à café de sel fin

Faites fondre le ghi dans une grande poêle ; quand il fume, faites revenir 30 secondes la viande, en la tournant sans cesse pour éviter qu'elle ne brûle. Retirez-la avec une écumoire et mettez-la de côté.

Faites revenir doucement dans la poêle l'oignon et l'ail 4-5 minutes. Ajoutez les épices, le poivre, et tournez 3 minutes. Remettez la viande dans la poêle, ajoutez le piment, le sel et laissez cuire 5 minutes. Servez chaud avec du riz nature ou du raita (voir page 53).

Pour 4 personnes
Note : la bhuna est une méthode de cuisson qui con-
vient à la viande et aux légumes, bien qu'elle soit plutôt utilisée pour pré-cuire de la viande. En général ce sont des plats « secs », avec très peu de sauce, et l'adresse dans leur préparation réside dans le fait de ne pas utiliser d'eau. Si vous voyez que la viande va attacher, trichez un peu en ajoutant de l'eau, mais surtout faites-la évaporer avant de servir.

Biryani de viande

Biryani

350 g de riz basmati
75 cl d'eau
2 cuillères à café de sel
45 cl de sauce au curry (voir page 53)
350 g de viande cuite (bœuf, poulet ou agneau),
coupée en cubes de 2 cm
1 1/2 cuillère à café de curcuma
1 1/2 cuillère à café de coriandre moulue

Pour décorer :
1 poivron vert ou rouge, évidé et coupé en rondelles
2 œufs durs, écaillés et coupés en rondelles
2-3 tomates fermes coupées en rondelles
feuilles de coriandre (facultatif)

Lavez le riz. Faites bouillir l'eau dans une grande casserole, ajoutez le riz, le sel, laissez cuire 10 minutes, puis égouttez le riz et laissez-le de côté.

Faites chauffer la sauce au curry avec la viande dans une cocotte. Ajoutez le curcuma, la coriandre, et tournez 2 minutes. Incorporez le riz et mélangez bien pour qu'il prenne la couleur du curcuma. Couvrez hermétiquement et laissez mijoter 15 à 20 minutes : le riz doit être bien cuit.

Transférez le biryani sur un plat de service chaud et décorez avec le poivron, les rondelles d'œufs et de tomates. Répartissez les feuilles de coriandre, si vous en utilisez, et servez aussitôt.

Pour 4 personnes
Note : en Inde, le biryani mijote pendant des heures sur les braises d'un feu de charbon.

Les empereurs moghols, connus pour leur raffinement, exigeaient une grande qualité dans tous les aspects de leur cuisine ; cependant un ingrédient aussi simple que le riz n'en était pas exclu. Le biryani permettait au riz d'atteindre les sommets de la grande cuisine.

Biryani de viande

Agneau aux oignons

Gosht dopiaza

750 g d'épaule d'agneau désossée
5 gros oignons pelés
100 g de ghi
6 gousses d'ail, pelées et coupées en lamelles fines
1 morceau de gingembre de 8 cm, pelé et coupé
en rondelles fines
1 pincée de piment de Cayenne
2 cuillères à café de coriandre moulue
2 cuillères à café de cumin moulu
2 cuillères à café de poivre noir moulu
1 1/2 cuillère à café de curcuma
2 cuillères à café de sel
350 g de yaourt nature
30 cl de bouillon de bœuf
2 piments verts, évidés et coupés en morceaux de 5 mm
de long
1 cuillère à soupe de fenugrec
2 cuillères à soupe de feuilles de menthe hachées

Coupez la viande en cubes de 4 cm de côté en prenant soin de retirer les parties grasses ou trop dures.

Passez un oignon au mixeur, puis mettez-le dans une jatte et mélangez avec les cubes de viande.

Faites fondre le ghi dans une grande poêle et faites-y dorer les cubes de viande de tous côtés. Coupez en rondelles le reste des oignons. Retirez la viande avec une écumoire et mettez-la de côté.

Faites revenir doucement dans la poêle les rondelles d'oignon, l'ail et le gingembre, 4-5 minutes. Mélangez les épices moulues avec le sel et le yaourt, puis versez dans la casserole, augmentez le feu, ajoutez la viande et tournez. Versez le bouillon et portez à ébullition. Couvrez et laissez frémir 40 minutes. Ajoutez les piments, le fenugrec, la menthe et laissez encore frémir 5-10 minutes. Servez chaud.

Pour 4 à 6 personnes

Note : en hindi, oignon se dit *piaz* et deux se dit *do* ; c'est pourquoi « Ghost dopiaza » signifie : viande avec le double d'oignons. Les oignons jouent un rôle particulièrement important dans tous les curries indiens, ou presque ; c'est pourquoi en fait les Indiens les considèrent comme de véritables légumes.

Curry d'agneau

Mhaans kari

100 g de ghi
500 g d'épaule d'agneau, désossée et coupée en cubes
de 2-3 cm de côté
1 gros oignon, pelé et coupé en rondelles fines
2 gousses d'ail, pelées et coupées en lamelles
2 cuillères à café de coriandre moulue
1 cuillère à café de curcuma
1 cuillère à café de cumin moulu
1/2 cuillère à café de poivre noir moulu
1 piment vert, épépiné et haché
1 pincée de piment de Cayenne
30 cl d'eau
1 cuillère à café de sel fin

Faites fondre le ghi dans une grande casserole et faites dorer la viande de tous côtés. Retirez-la avec une écumoire et mettez-la de côté.

Faites revenir doucement dans la casserole l'oignon et l'ail, 4-5 minutes. Ajoutez les épices, le poivre, les piments, et tournez 3 minutes. Remettez la viande, ajoutez l'eau, le sel et laissez frémir 45 à 60 minutes (en couvrant la casserole si vous voulez un curry avec de la sauce, et sans couvercle si vous souhaitez un curry sec). Servez chaud.

Pour 4 personnes

Note : dans beaucoup de régions du sous-continent indien, on mange autant, si ce n'est plus, de chèvre que d'agneau ou de mouton. Les recettes de l'un vont pour l'autre, comme c'est le cas ici.

32

Agneau au yaourt et aux tomates

Roghan gosht

1 kg d'épaule d'agneau, désossée et coupée en cubes
de 2 cm
jus de 2 citrons
500 g de yaourt nature
1/2-1 cuillère à café de sel fin
75 g de ghi
2 oignons, pelés et coupés en rondelles
4 gousses d'ail, pelées et coupées en lamelles
1 morceau de gingembre de 5-8 cm, pelé et coupé
en rondelles
1 cuillère à café de piment de Cayenne
2 cuillères à café de coriandre moulue
2 cuillères à café de cumin moulu
1 cuillère à café de poivre noir moulu
10 gousses de cardamome
225 g de concentré de tomates
30 cl d'eau bouillante

Mettez la viande dans une grande jatte, versez dessus le jus de citron, puis le yaourt et le sel, et mélangez bien. Couvrez et laissez mariner dans un endroit frais au moins 24 heures, ou 3 jours dans le bas du réfrigérateur. Tournez de temps en temps.

Faites fondre le ghi dans une grande casserole et faites revenir doucement les oignons, l'ail et le gingembre, 4-5 minutes. Ajoutez les épices, le poivre et tournez 2 minutes. Ajoutez la cardamome, le concentré de tomates, la viande et sa marinade et portez à ébullition sans cesser de tourner.

Ajoutez l'eau, couvrez et laissez cuire 1 h - 1 h 30. Servez bien chaud.

Pour 4 à 6 personnes

Note : ce plat est typique de la cuisine de l'agneau au nord de l'Inde et au Pakistan. Dans cette recette c'est la quantité de concentré de tomates qui lui donne sa couleur rouge foncé.

Brochettes d'agneau aux épices

Husseini kebab

1 kg d'épaule d'agneau
jus de citron
2 cuillères à café de sel
1 1/2 cuillère à café de poivre noir moulu
1 oignon moyen, pelé
2 gousses d'ail, pelées
1 morceau de gingembre de 8 cm, pelé
1 bonne pincée de piment de Cayenne
225 g de yaourt nature
2 cuillères à café de graines de coriandre
2 cuillères à café de graines de cumin
1 cuillère à café de graines d'anis

Désossez l'épaule et dégraissez la viande. Coupez-la en cubes de 2-3 cm de côté.

Mettez-la dans une jatte et assaisonnez-la avec le jus de citron, le sel et le poivre, puis laissez de côté.

Passez au mixeur l'oignon, l'ail, le gingembre et le piment. Ajoutez le yaourt et le jus de marinade de la viande. Versez sur la viande.

Couvrez et laissez mariner dans un endroit frais 24 heures, en tournant de temps à autre.

Étalez les épices en graines sur une plaque à pâtisserie et laissez-les 10-15 minutes dans un four à 220°. Laissez-les refroidir, puis écrasez-les dans un mortier.

Répartissez les cubes de viande sur des brochettes en métal huilées et saupoudrez de la poudre d'épices grillées. Faites cuire sous le gril ou sur un barbecue jusqu'à ce que la viande soit tendre, en tournant souvent les brochettes. Servez aussitôt.

Pour 4 à 6 personnes

Note : ce qui fait l'originalité de cette recette, ce sont les épices grillées.

Riz aux épices (page 54) ; salade (page 19) ; curry de pommes de terre et de chou-fleur (page 20) ; gigot d'agneau aux épices

Gigot d'agneau aux épices

Raan

1 gigot d'agneau de 3 kg, dégraissé
3 citrons
2 cuillères à café de sel
10 gousses d'ail pelées
2 morceaux de gingembre de 8 cm, pelés
1 cuillère à café de poivre noir moulu
1 cuillère à café de safran en filaments (facultatif)
1 cuillère à soupe d'eau bouillante
1 morceau de cannelle de 5 cm
10 clous de girofle
les graines de 20 gousses de cardamome
2 cuillères à soupe de miel liquide
500 g de yaourt nature
50 g de pistaches décortiquées
100 g d'amandes mondées
1 bonne pincée de piment de Cayenne
1 cuillère à café de curcuma

Faites des incisions profondes sur le gigot avec un couteau aiguisé. Mettez-le dans une cocotte. Coupez deux citrons en deux et frottez-en la surface du gigot en pressant leur jus dans les incisions. Saupoudrez de sel et laissez de côté.

Passez l'ail et le gingembre au mixeur, mélangez avec le poivre et badigeonnez-en la viande. Couvrez et laissez mariner 8 heures.

Mettez le safran dans une tasse, couvrez avec l'eau bouillante et laissez infuser 20 minutes. Écrasez dans un mortier la cannelle, les clous de girofle et la cardamome.

Passez au mixeur le miel, le yaourt, les pistaches, les amandes, le piment, le curcuma, puis ajoutez le mélange précédent. Incorporez l'eau safranée filtrée. Répartissez sur la viande, couvrez et laissez mariner 8 heures.

Couvrez la cocotte et faites cuire 10 minutes à 230°, puis 2 heures à 180° en arrosant la viande avec le jus de cuisson toutes les 15 minutes. Retirez le couvercle et laissez encore cuire 10 minutes, à 220°.

Vous pouvez servir le gigot aussitôt, ou bien le laisser refroidir 1 heure.

Pour 8 personnes

Note : ce plat est typique de l'Inde du Nord et surtout des régions au climat tempéré, où le bétail mange de l'herbe grasse ce qui donne une viande excellente.

Curry d'agneau au yaourt

Shahi korma

*1 kg d'agneau, désossé (gigot ou épaule), coupé en
cubes de 4 cm de côté
jus de 1 citron
225 g de yaourt nature
75 g de ghi
2 oignons moyens, pelés et coupés
en rondelles fines
4 gousses d'ail, pelées et coupées
en lamelles fines
1 morceau de gingembre de 8 cm, pelé
et coupé en rondelles fines
1 bâton de cannelle de 8 cm
10 clous de girofle
10 gousses de cardamome
2 cuillères à café de coriandre moulue
2 cuillères à café de cumin moulu
1 bonne pincée de piment de Cayenne
1 cuillère à café de curcuma
1 cuillère à café de poivre noir moulu
1 1/2 cuillère à café de sel fin
30 cl d'eau bouillante
100 g d'amandes mondées
50 g de pistaches décortiquées
15 cl de crème fleurette*

Mettez la viande dans une jatte et mélangez-la avec le
jus de citron. Incorporez le yaourt, couvrez et laissez
mariner au réfrigérateur au moins 2 heures.

Faites fondre le ghi dans une grande casserole et faites revenir doucement les oignons, l'ail et le gingembre,
4-5 minutes. Ajoutez la cannelle, les clous de girofle,
la cardamome, et tournez 1 minute.

Mélangez dans une jatte la coriandre, le cumin, le
piment, le curcuma, le poivre et le sel. Ajoutez-les dans
la poêle et tournez 2 minutes.

Ajoutez la viande, sa marinade, tournez pour que la
viande soit bien nappée, puis incorporez l'eau et ajoutez la moitié des amandes hachées. Couvrez et laissez
frémir 50 minutes.

Juste avant de servir, répartissez le reste d'amandes,
les pistaches, baissez le feu et incorporez la crème, puis
laissez cuire 5-10 minutes, sans bouillir.

Transférez dans un plat de service chaud et servez
aussitôt, très chaud.
Pour 4 personnes

Brochettes d'agneau

Tikka kebab

*500 g d'épaule d'agneau désossée et coupée
en cubes de 2 cm de côté
jus de 1 citron
15 cl de yaourt nature
4 petits oignons, pelés et
coupés en quartiers
3 gousses d'ail, pelées et hachées
1/2 cuillère à café de curcuma
1 cuillère à soupe de vinaigre
1/2 cuillère à café de sel fin
1 cuillère à café de poivre noir moulu
1 poivron vert, épépiné et coupé en carrés
de 2 cm de côté
1 citron coupé en quartiers, pour décorer*

Mettez les cubes d'agneau dans une jatte et arrosez-les
de jus de citron.

34

Pain frit à la sauce safran-pistache (page 58) ; vermicelle au lait (page 61) ; entrées salées ; curry d'agneau au yaourt

Passez au mixeur le yaourt, la moitié des oignons, l'ail, le curcuma, le vinaigre, le sel et le poivre pour obtenir une pâte lisse ; versez-la sur la viande et mélangez bien le tout. Couvrez et laissez mariner une nuit au réfrigérateur.

Au moment de servir, alternez sur des brochettes les cubes de viande, le poivron et le reste d'oignons. Faites cuire sur un barbecue ou 10 minutes sous le gril, en tournant souvent les brochettes.

Décorez avec les quartiers de citron et accompagnez de nân (voir page 51) et d'une salade.

Pour 4 personnes
Note : dans le nord de l'Inde ces brochettes sont vendues à tous les coins de rue.

Curry de porc épicé au vinaigre

Shikar ka vindaloo

*750 g d'épaule de porc désossée, coupée
en cubes de 4 cm
20 cl de vinaigre de vin blanc
2 cuillères à café de sel fin
4 cuillères à café de graines de coriandre
4 cuillères à café de graines de cumin
les graines de 20 gousses de cardamome
2 cuillères à café de grains de poivre noir
10 clous de girofle
2 cuillères à café de curcuma
75 g de ghi
2 gros oignons, pelés et coupés
en rondelles fines
6 gousses d'ail, pelées et coupées
en lamelles fines
1 morceau de gingembre de 8 cm, pelé
et coupé en tranches fines
5 feuilles de laurier
1 bonne pincée de piment
2 cuillères à café de garam massala*

Mettez les cubes de viande dans une jatte, arrosez-les de vinaigre et saupoudrez-les de sel, puis mélangez bien. Couvrez et laissez mariner dans un endroit frais 2 heures.

Écrasez dans un mortier la coriandre, le cumin, la cardamome, le poivre, les clous de girofle et le curcuma. Délayez avec un peu de jus de la marinade pour obtenir une pâte épaisse. Retirez la viande avec une écumoire, mettez-la dans une jatte propre et laissez la marinade de côté. Mélangez la viande avec la pâte d'épices, couvrez et laissez mariner une nuit dans un endroit frais.

Faites fondre le ghi dans une grande casserole et faites revenir doucement l'oignon, l'ail et le gingembre 4-5 minutes. Ajoutez le laurier, le piment, puis la viande et mélangez bien. Augmentez le feu et versez la marinade. Couvrez, et laissez cuire doucement 1 h 15 : le porc doit être complètement cuit et tendre.

Saupoudrez de garam massala avant de servir. Servez chaud ou froid.

Pour 4 à 6 personnes
Note : on ne consomme pas beaucoup de porc en Inde, tant pour des raisons de religion que pour des raisons d'hygiène. Le mot *shikar* peut désigner n'importe quel animal qui a été chassé, mais en général il s'applique au sanglier, traditionnellement chassé par des hommes montés à cheval et armés de lances. Le porc remplace parfaitement le sanglier dans cette recette.

Curry de porc

Shikar kari

*100 g de tamarin sec
20 cl d'eau bouillante
50 g de ghi
1 gros oignon, pelé et coupé
en rondelles
3 gousses d'ail, pelées et hachées
2 piments verts, épépinés et hachés fin
1 cuillère à café de gingembre en poudre
3 clous de girofle
1 bâton de cannelle de 5 cm
1 cuillère à soupe de coriandre moulue
1 cuillère à café de curcuma
1/2 cuillère à café de graines de cumin
500 g de porc désossé, coupé en cubes
de 2-3 cm de côté*

Faites tremper le tamarin 2 heures dans l'eau bouillante.

Faites fondre le ghi dans une grande cocotte et faites revenir doucement l'oignon et l'ail, 4-5 minutes. Ajoutez les piments, les épices, et tournez 3 minutes. Ajoutez la viande, tournez 5 minutes pour qu'elle soit bien nappée de cette sauce.

Filtrez l'eau de trempage du tamarin et versez-la dans la cocotte. Portez à ébullition, baissez le feu, couvrez, puis laissez frémir environ 1 heure : la viande doit être tendre. Servez très chaud.

Pour 4 personnes
Note : dans cette recette, l'eau de tamarin équilibre le gras du porc.

35

Volailles

Le poulet est très utilisé dans tout le sous-continent indien.
Généralement, on lui ôte la peau et on le découpe avant cuisson, pour
que la saveur des épices l'imprègne mieux et que le plat soit moins gras.
Pour préparer les morceaux de volaille pour un plat tandoori, on fait de
profondes entailles dans la chair, qui est ensuite enduite d'une marinade
de yaourt et d'épices. Le yaourt attendrit la viande et les entailles
permettent aux saveurs de pénétrer profondément dans la chair.
La cuisson de la volaille au tandoor est probablement la plus connue,
mais vous découvrirez dans ce chapitre d'autres méthodes de cuisson.

36

Poule biryani

Murgh biryani

*4 petits oignons, pelés
et coupés en deux
2 feuilles de laurier
1 l d'eau
1 poule de 1,5-1,75 kg
1/2 cuillère à café de filaments de safran
750 g de riz basmati
100 g de ghi
5 gousses d'ail, pelées et coupées
en lamelles fines
10 clous de girofle
10 gousses de cardamome
2 bâtons de cannelle de 8 cm
50 g d'amandes mondées
100 g de raisins de Smyrne*

Pour décorer :
*4 œufs durs écalés et coupés
en rondelles
1 gros oignon pelé, coupé
en rondelles et que vous ferez dorer
jusqu'à ce qu'elles soient croustillantes*

Mettez les moitiés d'oignon et le laurier dans une grande casserole, versez l'eau et portez à ébullition. Ajoutez la poule, couvrez et laissez frémir 1 h 30 à 2 heures.

Retirez la poule et mettez de côté le liquide de cuisson. Émiettez la viande dans une jatte, et jetez la peau et les os. Couvrez de papier aluminium et tenez au chaud dans un four à 150°. Portez 10 cl du liquide de cuisson à ébullition dans une casserole. Mettez le safran dans une tasse, versez dessus le liquide bouillant et laissez tremper 10 minutes.

Lavez le riz et égouttez-le. Faites fondre le ghi dans une grande cocotte et ajoutez les oignons retirés du liquide de cuisson, l'ail, les clous de girofle, la cardamome, la cannelle, et tournez 5 minutes.

Ajoutez le riz et mélangez bien. Passez au-dessus de la cocotte suffisamment de liquide de cuisson de la poule pour que le riz en soit couvert, puis ajoutez le liquide du safran filtré et portez à ébullition. Laissez cuire à feu doux, sans couvrir, 10-15 minutes, en rajoutant un peu de liquide de cuisson si nécessaire : le riz doit être juste cuit. Transférez le riz dans un grand saladier chaud. Incorporez-lui les amandes, les raisins et la chair de la poule. Disposez sur une grand plat chaud ce mélange et décorez avec les rondelles d'œufs et d'oignons. Servez chaud.

Pour 6 personnes

Brochettes de gambas (page 46) ; brochettes de bœuf (page 30) ; poulet tandoori

Poulet tandoori

Murgh tandoori

*2 poulets, coupés chacun en quatre
jus de 2 citrons
2 cuillères à café de sel*

Marinade :
*10 clous de girofle
2 cuillères à café de graines
de coriandre
2 cuillères à café de graines
de cumin
les graines de 10 gousses de cardamome
2 oignons moyens, pelés et hachés
4 gousses d'ail, pelées et hachées
1 morceau de gingembre frais de 8 cm,
pelé et haché
1 cuillère à café de piment de Cayenne
2 cuillères à café de poivre noir moulu
1 1/2 cuillère à café de curcuma
350 g de yaourt nature
colorant alimentaire orange
ou rouge (facultatif)*

Retirez la peau des morceaux de poulet et faites des incisions profondes sur chacun à l'aide d'un couteau aiguisé. Mettez-les dans une jatte, couvrez-les et frottez-le de citron et de sel. Couvrez et laissez 1 heure dans un endroit frais.

Pendant ce temps préparez la marinade ; étalez sur une plaque à four les clous de girofle, la coriandre, le cumin, la cardamome, et laissez-les 15 minutes dans un four à 200°. Laissez-les refroidir, puis écrasez-les grossièrement dans un mortier.

Passez au mixeur l'oignon, l'ail et le gingembre, ajoutez le piment, le poivre, le curcuma, puis incorporez le yaourt, les épices grillées et écrasées, et le jus de citron passé. Ajoutez le colorant alimentaire.

Disposez les morceaux de poulet dans un plat à four et nappez-les de marinade. Couvrez et laissez reposer au réfrigérateur 24 heures au moins, en tournant de temps en temps.

Faites cuire 20 minutes dans un four moyen (200 °C). Placez ensuite les morceaux de poulet sur un barbecue et faites-les griller jusqu'à ce que l'extérieur soit parfaitement croustillant. Servez chaud ou froid.

Pour 8 personnes

Note : on utilise habituellement des poussins entiers pour cette recette. L'avantage des quarts de poulet est que l'on peut plus facilement les faire griller, mais vous pouvez aussi faire cuire le poulet à la broche.

En Inde le poulet tandoori est rouge, grâce à un colorant alimentaire, mais faites attention car beaucoup d'Européens sont allergiques à ce colorant.

La recette donnée ici est pratique, car on peut faire rôtir le poulet plusieurs heures à l'avance dans le four et le conserver ensuite au réfrigérateur, avant de le terminer sur le barbecue.

Blancs de poulet en brochettes

Murgh massala

4 blancs de poulet (sans la peau, désossés)
jus de 1 citron
1 1/2 cuillère à café de sel fin
2 cuillères à café de poivre noir moulu
1 oignon moyen pelé
2 gousses d'ail pelées
1 morceau de gingembre de 5 cm pelé
350 g de yaourt nature

Massala :
75 g de ghi
1 oignon moyen pelé et émincé
1 gousse d'ail pelée et émincée
1 1/2 cuillère à café de curcuma
1 cuillère à café de piment de Cayenne
1 cuillère à café de cannelle en poudre
les graines de 20 gousses de cardamome
2 cuillères à café de graines de coriandre
2 cuillères à café de graines d'anis

Coupez les blancs de poulet en lamelles de 2 cm de large, mettez-les dans une jatte et mélangez-les avec le jus de citron, le sel et le poivre. Laissez de côté.

Passez au mixeur l'oignon, l'ail et le gingembre. Ajoutez le yaourt et le jus de la marinade du poulet. Nappez le poulet de ce mélange, couvrez et laissez mariner 24 heures au réfrigérateur.

Répartissez les lamelles de poulet sur des brochettes et mettez de côté la marinade. Faites cuire le plus doucement possible sur un barbecue, environ 6-8 minutes. Retirez le poulet des brochettes.

Pour la sauce, faites fondre le ghi dans une grande poêle et faites revenir doucement l'oignon et l'ail 4-5 minutes. Ajoutez le curcuma, le piment, la cannelle, et tournez 1 minute. Ajoutez la cardamome, la coriandre, l'anis, et tournez 2 minutes, puis incorporez la marinade au yaourt. Portez à ébullition, ajoutez le poulet et laissez cuire 2-3 minutes. Servez très chaud.

Pour 4 à 6 personnes

Poulet aux légumes secs ; poulet korma ; poulet de Hyderabad

38

Poulet de Hyderabad

Murgh Hyderabad

100 g de ghi
1 gros oignon, pelé et coupé en rondelles
2 gousses d'ail, pelées et coupées en lamelles
4 gousses de cardamome
4 clous de girofle
1 bâton de cannelle de 2 cm
2 cuillères à café de garam massala
1 cuillère à café de curcuma
1 cuillère à café de piment de Cayenne
1 cuillère à café de sel
1 poulet de 1,5 kg, la peau retirée, désossé et coupé en 8 morceaux
chair de noix de coco fraîche, coupée en tranches fines
1 cuillère à soupe de concentré de tomates
30 cl d'eau

Faites fondre le ghi dans une grande casserole et faites revenir doucement l'oignon et l'ail 4-5 minutes. Ajoutez les épices, le sel, et tournez 3 minutes.

Ajoutez les morceaux de poulet et faites revenir de tous côtés. Ajoutez la noix de coco, le concentré de tomates, l'eau, mélangez bien, portez à ébullition, couvrez et laissez mijoter 45 minutes. Servez chaud.

Pour 4 personnes
Note : cette recette sera encore meilleure, si vous utilisez de la noix de coco fraîche.

Poulet aux légumes secs

Murgh dhansak

500 g de pois chiches secs ou de lentilles vertes
1,2 l d'eau
175 g de ghi
2 gros oignons, pelés et coupés en rondelles
4 gousses d'ail, pelées et coupées en lamelles
6 clous de girofle
6 gousses de cardamome
1 1/2 cuillère à café de gingembre en poudre
2 cuillères à café de garam massala
2 1/2 cuillères à café de sel fin
1 poulet de 1,5 kg sans la peau, désossé et coupé en 8 morceaux
500 g d'épinards en branche cuits
4 grosses tomates hachées

Lavez les légumes secs, mettez-les dans une casserole, ajoutez l'eau, portez à ébullition, couvrez et laissez frémir 15 minutes.

Pendant ce temps, faites fondre le ghi dans une grande casserole et faites revenir doucement les oignons et l'ail 4-5 minutes. Ajoutez les épices, le sel, et tournez 3 minutes. Ajoutez les morceaux de poulet et faites-les dorer de tous côtés, puis retirez-les avec une écumoire et égouttez-les sur du papier absorbant.

Ajoutez les épinards et les tomates, et tournez 10 minutes.

Réduisez les légumes secs en purée dans leur jus de cuisson, puis incorporez le mélange précédent. Remettez le poulet dans la casserole, couvrez et laissez mijoter 45 minutes. Servez chaud.

Pour 4 personnes
Note : l'origine des Parsis remonte à l'Antiquité, ainsi que celle de ce plat. Traduit littéralement, son nom signifie « poulet riche ». Il devrait être préparé avec une quantité égale de pois chiches et de lentilles indiennes vertes (que vous trouverez dans les épiceries orientales). Si vous n'en trouvez pas, utilisez, pour cette recette, n'importe quelle sorte de lentilles.

Poulet korma

Kookarh korma

20 cl de yaourt nature
2 cuillères à café de curcuma
3 gousses d'ail, pelées et coupées en lamelles
1 poulet de 1,5 kg, sans la peau, coupé en 8 morceaux
100 g de ghi
1 gros oignon, pelé et coupé en rondelles
1 cuillère à café de gingembre en poudre
1 bâton de cannelle de 5 cm
5 clous de girofle
5 gousses de cardamome
1 cuillère à soupe de graines de coriandre écrasées
1 cuillère à café de cumin moulu
1/2 cuillère à café de piment de Cayenne
1 cuillère à café de sel
1 1/2 cuillère à soupe de noix de coco râpée
2 cuillères à café d'amandes grillées

Passez au mixeur le yaourt, le curcuma et 1 gousse d'ail.

Mettez les morceaux de poulet dans un plat creux et nappez du mélange. Couvrez et laissez une nuit au réfrigérateur.

Faites fondre le ghi dans une grande casserole et faites revenir doucement l'oignon et le reste d'ail, 4-5 minutes. Ajoutez les épices, le sel, et tournez 3 minutes.

Ajoutez le poulet avec sa marinade, la noix de coco, et mélangez bien. Couvrez et laissez mijoter 45 minutes. Transférez sur un plat de service chaud et répartissez les amandes avant de servir chaud.

Pour 4 personnes
Note : voici un des plats indiens les plus réputés ; vous pouvez aussi préparer de cette façon une viande rouge, et en particulier l'agneau, ce qui se fait beaucoup dans le nord de l'Inde.

Variante : vous pouvez aussi préparer de la même façon un poulet entier, comptez alors 20 à 30 minutes de cuisson supplémentaire.

Poulet entier aux épices

Murgh mussalum

1 cuillère à soupe de graines de coriandre
1 cuillère à soupe de graines de cumin
2 feuilles de laurier
1 poulet de 1,5 kg
100 g de yaourt épais
1 oignon moyen, pelé et coupé gros
3 gousses d'ail, pelées et coupées gros
1 piment vert, épépiné et coupé gros

Pour arroser :
100 g de ghi
1 gros oignon, pelé et coupé
en rondelles fines
2 gousses d'ail, pelées et coupées
en lamelles fines
1 morceau de gingembre de 8 cm, pelé
et coupé en tranches fines
1 bâton de cannelle de 5 cm
10 clous de girofle
10 gousses de cardamome
2 cuillères à café de grains de poivre noir
2 cuillères à café de sel
15 cl de bouillon de poule
2 cuillères à café de garam massala

Pour décorer :
feuilles de coriandre
quartiers de citron

Étalez sur une plaque à four les graines de coriandre et de cumin, les feuilles de laurier, puis laissez 10-15 minutes dans un four à 200°.

Retirez la peau du poulet et faites de grandes incisions dans les cuisses et les blancs, avec un couteau aiguisé.

Passez au mixeur le yaourt avec l'oignon, l'ail et le piment. Écrasez dans un mortier le mélange d'épices grillées et incorporez-les dans le mélange de yaourt. Étalez ce mélange sur le poulet et laissez mariner dans un endroit frais 24 heures, en arrosant de temps en temps.

Juste avant la cuisson faites fondre le ghi dans une cocotte et faites revenir doucement l'oignon, l'ail et le gingembre 4-5 minutes. Écrasez dans un mortier la cannelle, les clous de girofle, la cardamome, le poivre et incorporez dans la cocotte. Ajoutez le sel, puis le bouillon, et portez à ébullition. Ajoutez le garam massala, tournez et ajoutez le poulet et sa marinade. Couvrez, augmentez le feu et laissez cuire 2 minutes, en remuant constamment la cocotte.

Mettez la cocotte dans un four à 190° et laissez cuire 1 heure. Transférez le poulet dans un plat à four, arrosez avec le jus de cuisson et laissez cuire encore 30 minutes, dans un four à 230°.

Passez le reste de sauce de la cocotte au mixeur et faites-la réchauffer. Décorez le poulet avec la coriandre et le citron, et servez la sauce à part.

Pour 4 personnes
Note : ce plat indien de poulet bien relevé est un des plus savoureux. Comme presque toutes les recettes indiennes de poulet, celle-ci utilise un poulet dépouillé (sans la peau) plutôt que plumé. Il semble que la seule raison en soit le fait que les bouchers indiens trouvent plus rapide de retirer la peau du poulet que de le plumer. Retirer la peau est assez simple, mais vous pouvez aussi demander conseil à votre volailler.

Curry de poulet du Sri Lanka

Kukul curry

100 g de ghi
1 gros oignon, pelé et coupé
en rondelles
3 gousses d'ail, pelées et
coupées en lamelles
2 piments verts, épépinés
et coupés fin
2 cuillères à café de coriandre moulue
1 1/2 cuillère à café de curcuma
1 poulet de 1,5 kg, sans la peau, coupé en 8 morceaux
50 cl de lait de noix de coco
jus de 1/2 citron

Faites fondre le ghi dans une grande casserole et faites revenir doucement l'oignon et l'ail 4-5 minutes. Ajoutez les piments, les épices et tournez 3 minutes.

Ajoutez les morceaux de poulet et faites-les dorer doucement de tous côtés 10 minutes. Incorporez le lait de noix de coco et laissez mijoter 45 minutes.

Versez le jus de citron et laissez encore frémir 10 minutes, en tournant de temps en temps. Servez bien chaud.
Pour 4 personnes

Poulet entier aux épices

Poissons

Généralement, les recettes indiennes de poisson ont été négligées par les Occidentaux ; pourtant ce vaste pays aux côtes immenses, aux nombreux lacs et rivières, offre une énorme variété de poissons et de fruits de mer. De nombreuses régions côtières sont réputées pour leurs plats de poisson, et chaque année a lieu un festival pour remercier des bienfaits de la mer.

42

Curry de crevettes

Jhingha kari

50 g de ghi
1 petit oignon, pelé et coupé en rondelles
2 gousses d'ail, pelées et coupées en lamelles
2 cuillères à café de coriandre moulue
1/2 cuillère à café de gingembre en poudre
1 cuillère à café de curcuma
1/2 cuillère à café de cumin moulu
1/2 cuillère à café de piment de Cayenne
2 cuillères à soupe de vinaigre
500 g de crevettes décortiquées
20 cl d'eau

Faites fondre le ghi dans une grande poêle et faites revenir doucement l'oignon et l'ail 4-5 minutes. Mélangez les épices avec le vinaigre et tournez cette pâte 3 minutes dans la poêle.

Ajoutez les crevettes et tournez avec une cuillère en bois pour qu'elles soient bien nappées de sauce. Incorporez l'eau et laissez frémir 2-3 minutes. Servez aussitôt avec du riz nature.

Pour 4 personnes
Note : on trouve beaucoup de crevettes sur les côtes indiennes et en particulier sur celles du Kerala, dans le sud-ouest, où les cuisiniers ont compris qu'il ne fallait pas masquer leur saveur délicate.

Curry de boulettes de poisson

Muchli kari

750 g de filets de poisson blanc
jus de 1/2 citron
1 œuf
2 1/2 cuillères à café de sel fin
poivre noir moulu
50 g de farine de pois chiches
2 piments verts, épépinés et hachés
1 oignon moyen, pelé et haché
2 cuillères à soupe de chapelure
huile à friture, ou du ghi

Sauce :
100 g de ghi
1 gros oignon, pelé et coupé
en rondelles fines
2 gousses d'ail, pelées et coupées
en lamelles fines
1 bâton de cannelle de 8 cm
2 feuilles de laurier
2 cuillères à café de cumin moulu
2 cuillères à café de coriandre moulue
1 1/2 cuillère à café de curcuma
1 bonne pincée de piment de Cayenne
150 g de concentré de tomates
50 cl de bouillon de poule
jus de 1/2 citron
50 g de noix de coco râpée
les graines de 10 gousses de cardamome
2 cuillères à café de fenugrec
feuilles de coriandre pour décorer

Disposez les filets de poisson dans un plat à four et arrosez-les de jus de citron. Couvrez de papier aluminium et faites cuire au bain-marie 15 minutes, dans un four à 160°. Retirez du four et laissez refroidir.

Battez l'œuf dans une jatte avec 1 1/2 cuillère à café de sel et du poivre. Incorporez peu à peu la farine, en battant.

Émiettez le poisson dans la jatte, ajoutez piments, oignon et chapelure, mélangez bien. Formez 20 boulettes de la taille d'un abricot. Faites chauffer l'huile dans une poêle et faites-y dorer les boulettes par fournées. Retirez-les, égouttez-les et tenez-les au chaud.

Faites fondre le ghi dans une grande cocotte et faites revenir doucement l'oignon et l'ail 4-5 minutes. Ajoutez la cannelle, le laurier, le cumin, la coriandre, le curcuma, le piment, et tournez 2 minutes. Ajoutez le concentré de tomates, portez à ébullition et incorporez peu à peu le bouillon et le jus de citron. Saupoudrez de

1 cuillère à café de sel et de la noix de coco, et laissez bouillir 10 minutes.

Écrasez dans un mortier la cardamome et le fenugrec, répartissez sur la sauce et ajoutez les boulettes de poisson. Laissez mijoter 5 minutes. Transférez dans un plat de service chaud et décorez avec les feuilles de coriandre.

Pour 4 à 6 personnes

Note : en Inde, le poisson est en général, grillé ou cuit au four entier, mais certains ayant un aspect repoussant (très souvent ils sont recouverts d'épines), il faut les masquer pour qu'ils aient un aspect présentable ; c'est ce à quoi servent les boulettes.

Curry de boulettes de poisson

43

Crevettes de Madras

Jhinga kari Madrasi

50 g de ghi
1 petit oignon, pelé et coupé en rondelles
2 gousses d'ail, pelées et coupées en lamelles
1 cuillère à café de coriandre moulue
1/2 cuillère à café de curcuma
1 pincée de gingembre en poudre
1/2 cuillère à café de cumin moulu
1/2 cuillère à café de sel fin
500 g de crevettes décortiquées
1 cuillère à soupe de vinaigre
1 pincée de piment pour décorer

Faites fondre le ghi dans une grande casserole et faites revenir doucement l'oignon et l'ail, 4-5 minutes. Ajoutez les épices, le sel, et tournez 3 minutes.

Baissez le feu très bas, ajoutez les crevettes et tournez-les 1 minute pour qu'elles soient bien nappées d'épices. Versez le vinaigre, augmentez le feu et laissez cuire 30 secondes.

Saupoudrez de piment et servez de suite, très chaud.

Pour 4 personnes
Note : beaucoup de gens pensent qu'un curry contient beaucoup de sauce. C'est faux et de nombreux Indiens préfèrent les plats sans trop de liquide. Rappelez-vous, avant de changer les proportions de liquide d'une recette, que moins il y a de liquide, et plus la concentration des épices est forte.

Curry de crevettes à la noix de coco

Jhinga ka pathia

75 g de ghi
1 gros oignon, pelé et coupé en rondelles fines
2 gousses d'ail, pelées et coupées en lamelles fines
1 morceau de gingembre de 8 cm, pelé
et coupé en rondelles fines
1 bâton de cannelle de 5 cm
1 feuille de laurier
1 cuillère à café de piment de Cayenne
2 cuillères à café de garam massala
1 cuillère à café de graines de fenugrec
1 1/2 cuillère à café de sel fin
1 cuillère à café de poivre noir moulu
225 g de yaourt nature
175 g de concentré de tomates
500 g de crevettes décortiquées
50 g de noix de coco râpée
feuilles de coriandre hachées pour décorer

Faites fondre le ghi dans une grande poêle et faites revenir doucement l'oignon, l'ail et le gingembre, 4-5 minutes. Ajoutez la cannelle, le laurier, tournez 1 minute, puis ajoutez le piment, le garam massala, le fenugrec, le sel et le poivre, puis tournez 2 minutes.

Incorporez le yaourt, le concentré de tomates, augmentez le feu et ajoutez les crevettes (vous aurez, peut-être, à rajouter un peu d'eau pour éviter que cela ne devienne trop sec). Laissez mijoter 2 minutes, puis ajoutez la noix de coco et tournez délicatement 5 minutes. Servez chaud, décoré avec les feuilles de coriandre.

Pour 4 à 6 personnes
Note : ce plat vient de la côte sud-ouest de l'Inde où l'on pêche les crevettes grâce à une méthode ingénieuse : on descend des filets lestés, où viennent s'enfermer les poissons et les crustacés qui vont et viennent avec la marée ; quand la marée se retire, les filets sont soulevés hors de l'eau et on ramasse la prise. En Occident les grosses crevettes coûtent cher. Il est inutile de les choisir pour cette recette, car le résultat est aussi satisfaisant avec des crevettes plus petites.

Sole au four

Tali muchli

1 kg de plies ou de soles nettoyées
jus de 2 citrons
1 noix de coco
2 piments verts épépinés
2 gousses d'ail pelées
2 cuillères à soupe d'huile
2 cuillères à soupe de feuilles de coriandre hachées
1 cuillère à soupe de miel liquide
2 cuillères à café de cumin moulu
2 cuillères à café de fenugrec moulu
1 cuillère à café de sel
1 cuillère à café de poivre noir

Lavez les soles et essuyez-les. Posez-les sur un plat et arrosez-les de la moitié du jus de citron.

Percez les yeux de la noix de coco et récupérez l'eau. Cassez la noix et détachez la chair. Passez-la au mixeur, puis ajoutez les piments, l'ail, l'huile, et remettez en marche le mixeur. Ajoutez le reste de jus de citron, la coriandre hachée, le miel, le cumin, le fenugrec, le sel, le poivre, et mélangez bien.

Étalez ce mélange sur les deux faces des poissons, posez-les sur la lèche-frite, couvrez de papier aluminium et faites cuire 25 minutes dans un four à 190°. Transférez sur un plat de service chaud et servez aussitôt.

Pour 6 personnes
Note : ce plat est typique du sud de l'Inde. Traditionnellement le poisson cuit sur la plage, soit sur des braises, soit sur une pierre chauffée.

Vous pouvez préparer cette recette avec d'autres poissons plats, ou bien avec des « steaks » coupés dans de plus gros poissons.

44

Curry de crevettes à la noix de coco ; épinards aux crevettes (page 24) ; crevettes de Madras

Poisson tandoori

Tandoori muchli

1 flétan de 1,5 kg
jus de 1 citron
2 cuillères à café de sel fin
1 1/2 cuillère à café de poivre noir moulu

Massala :
1 gros oignon pelé
1 gousse d'ail pelée
1 cuillère à soupe de feuilles de coriandre hachées
4 cuillères à soupe de yaourt nature
2 cuillères à café de garam massala
1 cuillère à café de piment de Cayenne
1 cuillère à café de coriandre moulue
1 cuillère à café de cumin moulu
1 cuillère à café de fenugrec moulu

Garnissez un plat à four, assez grand pour le poisson entier, de papier aluminium 2 1/2 fois plus large que le poisson. Faites 4-5 incisions profondes sur chaque côté du poisson. Arrosez-le de jus de citron et saupoudrez-le de sel et de poivre. Posez-le sur le papier aluminium et laissez-le de côté.

Pour le massala, passez l'oignon et l'ail au mixeur. Mélangez-les dans une jatte avec les feuilles de coriandre, le yaourt, le garam massala, le piment, la coriandre, le cumin et le fenugrec. Répartissez sur le poisson et à l'intérieur des incisions. Repliez le papier aluminium sur le poisson et laissez mariner 4 heures dans un endroit frais.

Faites cuire 20 minutes dans un four à 160°. Retirez délicatement le poisson du papier aluminium, posez-le sur une grille et finissez la cuisson sur un barbecue, ou sur une grille et au four.

Pour 4 personnes

Note : traditionnellement le poisson fraîchement pêché est recouvert de massala, enveloppé dans une feuille de bananier et cuit à la braise. Cette méthode permet de ne pas perdre le jus de cuisson.

Poisson au four

Massala durn muchli

30 cl de yaourt nature
1 oignon moyen, pelé et haché
1 gousse d'ail, pelée et hachée
1 cuillère à soupe de vinaigre
1 1/2 cuillère à café de cumin moulu
1 pincée de piment de Cayenne
1 poisson de 1 kg ou 750 g de filets de poisson
jus de 1 citron
1 cuillère à café de sel

Pour décorer :
1 rondelle de citron
feuilles de coriandre

Passez au mixeur le yaourt avec l'oignon, l'ail, le vinaigre et les épices.

Faites des incisions sur le poisson, posez-le dans un plat à four, arrosez-le de jus de citron et saupoudrez de sel. Versez le mélange précédent, couvrez et laissez mariner une nuit au réfrigérateur.

Couvrez le poisson de papier aluminium et faites cuire 30 minutes dans un four à 180°. Transférez-le sur un plat de service chaud et décorez avec le citron et la coriandre avant de servir.
Pour 4 personnes
Note : vous pouvez utiliser n'importe quel poisson pour ce plat. Si vous prenez du poisson gras, doublez les quantités de vinaigre.

Curry de crabe

Kaleacha kari

1 noix de coco
50 cl d'eau bouillante
75 g de ghi
1 gros oignon, pelé et coupé en rondelles fines
4 gousses d'ail, pelées et coupées en lamelles fines
1 morceau de gingembre de 8 cm, pelé
et coupé en rondelles fines
2 cuillères à café de graines de fenugrec
2 cuillères à café de grains de poivre noir ou blanc
1 cuillère à café de piment de Cayenne
2 cuillères à café de coriandre moulue
1 cuillère à café de curcuma
1 cuillère à café de sel fin
500 g de yaourt nature
30 cl de lait
500 g de chair de crabe cuite
2 cuillères à soupe de feuilles de coriandre hachées
pour décorer

Percez les yeux de la noix de coco et récupérez l'eau. Cassez la noix de coco et détachez la chair. Passez-en les trois quarts au mixeur.

Mettez cette chair de coco hachée dans une jatte, arrosez d'eau et tournez 5 minutes. Filtrez à travers un tamis garni d'une double épaisseur de mousseline. Rassemblez le haut de la mousseline et pressez-la pour en tirer le maximum de liquide. Incorporez ce liquide à l'eau retirée de la noix de coco et laissez de côté.

Faites fondre le ghi dans une grande casserole et faites revenir doucement l'oignon, l'ail et le gingembre, 4-5 minutes. Ajoutez le fenugrec, le poivre, le piment, la coriandre, le curcuma, le sel, et tournez 2-3 minutes avant d'ajouter l'eau et le lait de coco. Mélangez dans une jatte le yaourt et le lait. Incorporez-les dans la casserole, amenez à ébullition et laissez frémir 5-6 minutes.

Incorporez délicatement le crabe et le dernier quart de noix de coco coupé en tranches fines, et laissez cuire 5 minutes. Disposez sur un plat de service chaud, décorez avec la coriandre et servez aussitôt.
Pour 6 personnes

Brochettes de gambas

Tandoori jhingha

1 kg de gambas
jus de 2 citrons
1 1/2 cuillère à café de sel fin
1 1/2 cuillère à café de poivre noir

Marinade :
2 cuillères à café de graines de coriandre
2 cuillères à café de fenugrec
20 gousses de cardamome
1 1/2 cuillère à café de graines d'oignon
4 feuilles de laurier
1 gros oignon, pelé et haché
3 gousses d'ail, pelées et hachées
1 morceau de gingembre de 8 cm, pelé et haché
350 g de yaourt nature
1 1/2 cuillère à café de curcuma
100 g de ghi fondu
quelques gouttes de colorant alimentaire rouge
1 cuillère à café de graines d'anis

Lavez les gambas et décortiquez-les, si vous le souhaitez. Vous pouvez aussi les inciser avec un couteau aiguisé et les aplatir légèrement. Mettez-les dans une jatte et mélangez-les avec le jus de citron, le sel et le poivre. Laissez-les de côté.

Pour la marinade, étalez la coriandre, le fenugrec, la cardamome, les graines d'oignon et le laurier sur une plaque à pâtisserie et faites dorer 10-15 minutes dans un four à 200°. Laissez refroidir, puis écrasez le tout dans un mortier. Passez au mixeur l'oignon, l'ail, le gingembre, puis incorporez le yaourt et le curcuma. Ajoutez les épices du mortier, le ghi, et terminez par le colorant.

Versez la marinade sur les gambas, couvrez et laissez mariner 3-4 heures si les gambas sont décortiquées, ou toute une nuit au réfrigérateur si elles ne le sont pas. Répartissez-les sur des brochettes et saupoudrez-les de graines d'anis. Faites-les cuire doucement sur un barbecue 3-5 minutes, en les tournant et en les arrosant de marinade. Servez chaud.
Pour 4 à 6 personnes

Moules aux épices

Teesryo

*1 kg de moules, grattées et ébarbées
100 g de ghi
1 gros oignon, pelé et haché
2 gousses d'ail, pelées et hachées
2 cuillères à café de noix de coco râpée
2 cuillères à café de sel fin
1 cuillère à café de curcuma
1 pincée de piment de Cayenne
1 cuillère à café de poivre noir
15 cl de vinaigre
500 g de yaourt nature
2 cuillères à café de garam massala
jus de 2 citrons pour terminer*

Mettez les moules dans une jatte, couvrez-les d'eau froide et laissez-les 20-30 minutes.

Pendant ce temps, faites fondre le ghi dans une grande casserole et faites revenir doucement l'oignon et l'ail, 4-5 minutes. Ajoutez la noix de coco, le sel et laissez dorer. Ajoutez le curcuma, le piment, le poivre, et tournez 1 minute.

Égouttez les moules et jetez celles qui sont ouvertes. Mettez-les dans la casserole avec le vinaigre. Couvrez, augmentez le feu et laissez bouillir 5 minutes en secouant la casserole de temps en temps.

Retirez la demi-coquille vide des moules et empilez les moules les unes sur les autres dans un saladier de service chaud. Passez le jus de cuisson des moules au mixeur avec le yaourt, le garam massala, puis réchauffez-le dans une casserole. Versez sur les moules et arrosez le tout de jus de citron. Servez aussitôt.

Pour 6 personnes

Note : ce plat est traditionnellement préparé avec des clams, mais il convient également aux moules, que l'on trouve plus facilement ici.

Halwa à la noix de coco (page 62) ; poule biryani (page 36) ; curry de crabe ; curry d'œufs à la noix de coco (page 49) ; moules aux épices

Accompagnements

Les plats indiens sont accompagnés de galettes, de riz, mais aussi de diverses sauces au yaourt et à base de lentilles. Certaines sont extrêmement épicées, alors que d'autres sont douces et rafraîchissantes. Dans certaines régions de l'Inde, on sert des galettes à chaque repas. Elles peuvent être frites comme les puri et les paratha, ou cuites sur une plaque chauffée comme les chapati. Les nân sont cuites traditionnellement dans un tandoor, mais les fours modernes conviennent parfaitement.

Riz

Chawal

1/2 tasse de riz long (voir note)
1 1/2 tasse d'eau
1 pincée de filaments de safran (facultatif)

Lavez le riz trois fois dans de l'eau froide. Égouttez-le.

Mettez-le dans une casserole avec l'eau qui doit le couvrir. Ajoutez du sel, portez à ébullition et laissez frémir, sans couvrir, jusqu'à ce qu'il soit cuit. Un bon cuisinier ne suit pas un temps déterminé de cuisson, mais teste régulièrement le riz en cours de cuisson. Il doit être cuit, mais encore très légèrement ferme au centre. Si vous voyez que le riz a absorbé trop d'eau avant d'être cuit, rajoutez un peu d'eau bouillante. Égouttez-le.

Pour colorer et parfumer le riz, mettez 1 pincée de filaments de safran dans une grande tasse, couvrez-les d'eau bouillante et laissez infuser 20 minutes. Filtrez au-dessus du riz quand il cuit. Comme le safran est cher, vous pouvez le remplacer par du curcuma : comptez 1/4 de cuillère à café par 1/4 de tasse de riz et ajoutez-le en cours de cuisson.

Pour 1 personne

Note : le riz est aux Indiens ce que la pomme de terre est aux Occidentaux. Il en existe de nombreuses variétés, mais les meilleures sont le riz basmati et le riz patna. Ils ont tous les deux des grains longs et sont appréciés pour leur goût ; c'est pourquoi en Inde on sert souvent le riz nature. Mais vous pouvez le parfumer avec du safran ou du curcuma, et le cuire dans du bouillon de bœuf ou de poule. La quantité de riz donnée ici est une simple indication, car il est difficile d'évaluer la quantité exacte qui sera mangée au cours d'un repas déterminé.

Cela dépend des autres plats proposés, et bien sûr de l'appétit de vos convives. Utilisez la même tasse pour mesurer la quantité de riz et celle d'eau.

Riz au safran

Kesari chawal

175 g de ghi
2 gros oignons, pelés et coupés en rondelles
350 g de riz basmati ou patna
1 cuillère à café de clous de girofle
4 gousses de cardamome
1 cuillère à café de sel
1 cuillère à café de poivre noir moulu
1/2 cuillère à café de filaments de safran, ayant trempé dans
1 cuillère à soupe d'eau bouillante 30 minutes
75 cl d'eau bouillante

Faites fondre le ghi dans une grande casserole et faites revenir doucement les oignons 4-5 minutes.

Lavez bien le riz, égouttez-le, ajoutez-le dans la casserole ainsi que les épices, le sel, le poivre, et tournez 3 minutes.

Ajoutez le safran avec son liquide, tournez, puis versez l'eau, portez à ébullition et laissez frémir 15-20 minutes. Égouttez le riz, puis transférez-le sur un plat de service chaud et servez aussitôt.

Pour 4 personnes

Note : le safran est un condiment délicat qui, même utilisé en petite quantité, ne peut avoir de rival. Les filaments du safran sont les stigmates d'un type de crocus qui pousse en abondance au pied de l'Himalaya. On l'utilise beaucoup au nord de l'Inde, au Népal et au Bhoutan, pour colorer les robes des moines bouddhistes.

Il faut 75 000 fleurs de crocus pour obtenir 500 g de safran.

Curry d'œufs à la noix de coco

Narial anday

1 noix de coco
50 cl d'eau bouillante
100 g de ghi
1 gros oignon, pelé et émincé
2 gousses d'ail, pelées et émincées
2 feuilles de laurier
1 bâton de cannelle de 8 cm
2 cuillères à café de gingembre en poudre
1 cuillère à café de piment de Cayenne
1 cuillère à café de fenugrec
1 cuillère à café de coriandre moulue
1 cuillère à café de cumin moulu
1 cuillère à café de sel fin
150 g de concentré de tomates
8 œufs durs, écalés et coupés en deux

Percez les yeux de la noix de coco et videz l'eau dans un bol. Cassez-la et détachez la chair. Coupez-en un tiers en tranches fines et râpez fin le reste.

Mettez la noix de coco râpée dans une jatte, couvrez-la d'eau bouillante, tournez 5 minutes, puis filtrez dans un tamis garni d'une double couche de mousseline. Pressez la mousseline pour en extraire le maximum de liquide. Mélangez ce liquide avec l'eau du bol.

Faites fondre le ghi dans une grande casserole et faites revenir doucement l'oignon et l'ail 4-5 minutes. Ajoutez le laurier, les épices, le sel et tournez 3-4 minutes. Incorporez l'eau de coco, portez à ébullition et ajoutez le concentré. Laissez frémir 5 minutes. Ajoutez les tranches de noix de coco, les œufs durs et laissez-les chauffer 2-3 minutes. Retirez les œufs avec une écumoire et disposez-les sur un plat de service chaud. Nappez-les de sauce et servez aussitôt.

Pour 4 à 6 personnes

Chutney à la menthe (page 51) ; riz au safran ; salade raita (page 53)

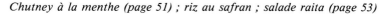

Poppadoms ; paratha ; ragoût de lentilles corail (page 23) ; riz au safran (page 48) ; nân

Poppadoms

Les poppadoms sont une des spécialités indiennes les plus connues. A l'origine on les consommait tels quels, mais petit à petit, surtout après l'arrivée des Anglais, ils devinrent un accompagnement des plats principaux, remplaçant en quelque sorte le pain. On les sert sur une assiette à part, et on les croque pour bien apprécier leur croustillant.

On peut trouver des poppadoms natures ou épicés. En général les poppadoms sont relevés avec du poivre noir écrasé, mais les plus forts sont préparés avec du piment de Cayenne en poudre. La préparation des poppadoms est si compliquée qu'il vaut mieux les acheter tout prêts. Leur pâte, préparée avec de la farine de pois chiches, ou *besan*, absorbe particulièrement bien l'humidité, c'est pourquoi vous conserverez les poppadoms dans un endroit frais et sec. La grande friture est la méthode qui convient le mieux pour les cuire.

Faites chauffer l'huile dans une friteuse : elle a atteint la température requise lorsqu'un petit morceau de poppadom jeté dedans grésille instantanément et remonte à la surface. Avant de les cuire, secouez les poppadoms sur le rebord de la table pour enlever toutes les petites particules.

Avec une écumoire plongez deux poppadoms à la fois dans l'huile, pour environ 10 à 15 secondes, puis retournez-les et faites griller le deuxième côté (en frire deux à la fois les empêche de s'enrouler sur eux-mêmes). Égouttez-les sur du papier absorbant et stockez-les debout sur un porte-toast, pour que l'excès d'huile continue à s'égoutter.

Pour apprécier toutes les qualités des poppadoms, consommez-les dans les heures qui suivent.

Chutney à la menthe

Tandoori chatni

*225 g de yaourt nature
2 cuillères à soupe de vinaigre
2 cuillères à café de miel
jus de 1/2 citron
1/2 cuillère à café de sel fin
1/2 cuillère à café de poivre noir moulu
1/2 cuillère à café de piment de Cayenne
colorant alimentaire vert (facultatif)
1 cuillère à soupe de menthe hachée*

Mettez le yaourt dans un saladier. Faites chauffer le vinaigre avec le miel jusqu'à ce que le miel soit fondu. Laissez refroidir, puis incorporez au yaourt. Ajoutez le jus de citron, le sel, le poivre et le piment.

Si vous le souhaitez, ajoutez le colorant alimentaire pour que le chutney ait une belle couleur verte, puis ajoutez la menthe. Couvrez et laissez 1 heure au réfrigérateur avant de servir.

Pour environ 30 cl de chutney

Note : le mot « chutney » est le terme général pour désigner les sauces ou les accompagnements au vinaigre. Ils peuvent être très forts, comme le chutney au piment qui est uniquement à base de piments rouges et verts, ou bien plus doux comme celui aux aubergines ou celui de la recette ci-dessus.

Ce chutney est bon avec les plats un peu secs, comme par exemple les brochettes de bœuf (page 30).

Paratha

Paratha

*500 g de farine à chapati ou de farine complète
1 cuillère à café de sel fin
50 cl d'eau
225 g de ghi*

Tamisez la farine et le sel dans une jatte et incorporez l'eau peu à peu pour obtenir une pâte ferme. Pétrissez-la 10 minutes jusqu'à ce qu'elle ne colle plus à la jatte. Couvrez d'un linge et laissez dans un endroit frais 4 heures.

Faites chauffer le ghi jusqu'à ce qu'il soit fondu. Divisez la pâte en 4 ou 6 boules que vous étalerez sur 5 mm d'épaisseur sur une surface farinée. Badigeonnez généreusement de ghi, pliez-les en deux ; recommencez encore une fois cette opération. Étalez-les en cercles de 3 mm d'épaisseur. Faites fondre le reste de ghi dans une poêle et faites cuire des deux côtés les paratha. Quand ils sont dorés et croustillants, égouttez-les et servez-les aussitôt.

Pour 4 à 6 paratha

Note : si vous débutez dans la préparation des galettes indiennes, commencez par les paratha, car elles sont faciles à préparer. Vous pouvez les servir seules, en accompagnement, mais aussi les farcir avec un mélange de pommes de terre et de petits pois, ou d'épinards.

Nân

Naan

*500 g de farine
1 cuillère à café de baking powder
1 cuillère à café de sel fin
2 œufs battus
30 cl de lait
1 cuillère à soupe de miel
50 g de ghi
2 cuillères à soupe de graines de pavot*

Tamisez la farine dans une jatte avec la levure et le sel. Incorporez les œufs. Faites chauffer doucement le lait et le miel dans une casserole, jusqu'à ce que le miel soit fondu, et incorporez-les peu à peu dans la jatte. Pétrissez la pâte 5-10 minutes.

Faites chauffer le ghi jusqu'à ce qu'il soit fondu. Divisez la pâte en 6 portions égales, badigeonnez-les avec un peu de ghi et pétrissez-les à nouveau. Donnez-leur une forme ovale d'environ 1 cm d'épaisseur. Pressez dessus les graines de pavot.

Posez-les sur une plaque à pâtisserie et faites-les cuire 10 minutes dans un four à 220°. Vous pouvez aussi les faire cuire 1 minute 1/2 de chaque côté sous le gril. Servez aussitôt.

Pour 6 nân

Note : les nân sont cuits traditionnellement sur les parois du four appelé « tandoor ». Ils sont appliqués par une extrémité sur la paroi chaude du tandoor où ils cuisent, suspendus au-dessus de la source de chaleur. Voir cuire les nân de cette façon est fascinant, car il faut savoir exactement comment coller le nân aux parois du four, sans qu'il tombe dedans, et savoir à quel moment il est cuit.

51

Pain au carvi ; sambar (avec des crevettes)

Sambar

Sambar

*50 g de ghi
1 gros oignon, pelé et haché
2 gousses d'ail, pelées et hachées
1 petit piment vert, épépiné et haché
1 cuillère à café de curcuma
1/2 cuillère à café de gingembre en poudre
1/2 cuillère à café de cumin moulu
1 pincée de piment de Cayenne*

Faites fondre le ghi dans une casserole et faites revenir doucement l'oignon et l'ail 4-5 minutes. Ajoutez le piment, les épices, et tournez 3 minutes.

Pour 4 personnes

Note : le sambar est typique de l'Inde du Sud et accompagne généralement le plat principal. Vous pouvez ajouter à cette recette de base d'autres ingrédients, comme de la laitue ou du chou coupés en lanières. Si vous ajoutez 2 cuillères à soupe de lait de noix de coco, la sauce pourra napper des crevettes. Vous pouvez aussi préparer un sambar aux pommes de terre, en ajoutant à la recette de base des dés de pommes de terre cuites.

52

Chapati

Chapati

350 g de farine complète
3/4 de cuillère à café de sel fin
environ 30 cl d'eau

Tamisez la farine et le sel dans une jatte, puis incorporez peu à peu l'eau pour obtenir une pâte ferme.

Mettez-la sur une surface légèrement farinée et pétrissez-la jusqu'à ce qu'elle soit élastique. Séparez-la en 8 ou 10 morceaux, et formez des boules. Étalez chaque boule sur une épaisseur de 3 mm.

Saupoudrez de farine une poêle non beurrée et posez-la sur le feu. Quand elle est brûlante, faites cuire un chapati 3-4 minutes ; quand des bulles se forment à la surface, faites cuire le chapati de l'autre côté.

Retirez-le de la poêle et passez-le quelques secondes sous le gril. Enveloppez-le dans un linge chaud et procédez de la même façon pour le reste des chapati. Servez-les chaud.

Pour 8 à 10 chapati
Note : les chapati sont les plus faciles à préparer parmi tous les « pains » indiens. Ce sont en fait des crêpes non levées, préparées avec de la farine complète appelée *ata*. On la trouve dans les magasins sous le nom de farine pour chapati. Si vous n'en trouvez pas, utilisez une autre farine complète.

Si vous enveloppez les chapati dans un linge chaud, vous pouvez les préparer une à deux heures à l'avance.

Sauce au curry

100 g de ghi
1 gros oignon, pelé et coupé en rondelles
2 gousses d'ail, pelées et coupées en lamelles
1 cuillère à café de coriandre moulue
1 cuillère à café de curcuma
1 cuillère à café de piment de Cayenne
1/2 cuillère à café de sel fin
1 cuillère à café de poivre noir moulu
35 cl d'eau
1 cuillère à café de garam massala

Faites fondre le ghi dans une casserole et faites revenir doucement l'oignon et l'ail 4-5 minutes. Ajoutez la coriandre, le curcuma, le piment, le sel, le poivre, et mélangez bien. Incorporez l'eau, portez à ébullition, puis laissez frémir 10 minutes, en tournant souvent.

Ajoutez le garam massala et laissez frémir 5 minutes. Utilisez cette sauce chaude.

Pour 50 cl de sauce

Salade raita

Raita

225 g de yaourt nature
1 morceau de concombre de 8 cm,
ou 2 tomates moyennes
1 pincée de sel
1/2 cuillère à café de poivre noir moulu
1 pincée de piment de Cayenne pour décorer

Mettez le yaourt dans une jatte, en lui ajoutant un peu de lait s'il est trop épais. Coupez le concombre dans le sens de la longueur en fines lamelles (si vous utilisez des tomates, coupez-les en 8). Mélangez-les avec le yaourt, salez, poivrez, puis couvrez et laissez 1 h 30 au réfrigérateur. Décorez avec le piment avant de servir.

Pour environ 30 cl
Note : la salade raita est un accompagnement important de la cuisine indienne, car elle vient contrebalancer les plats très épicés. Vous pouvez remplacer le concombre par des pommes de terre cuites, coupées en cubes.

Le yaourt doit avoir la consistance d'une crème anglaise.

Cubes au carvi

Namak pare

50 g de ghi
100 g de farine
1/2 cuillère à café de sel fin
1 cuillère à café de graines de carvi
25 g de yaourt nature
2 cuillères à soupe d'eau
huile à friture

Faites fondre le ghi dans une petite casserole jusqu'à ce qu'il soit presque fumant. Tamisez la farine et le sel dans une jatte, puis incorporez le carvi. Mélangez-y le ghi. Ajoutez le yaourt et l'eau pour obtenir une pâte humide.

Pétrissez-la dans la jatte 5-10 minutes et laissez-la reposer 20 minutes. Étalez-la en un carré de 2 cm d'épaisseur et découpez 25 cubes.

Faites chauffer l'huile à friture et plongez-y les cubes 3 minutes par fournées, jusqu'à ce qu'ils soient dorés. Égouttez-les sur du papier absorbant et laissez-les refroidir avant de les servir.

Pour environ 25 cubes
Note : vous pouvez les conserver 1 semaine dans une boîte hermétique.

53

Puri

Puri

175 g de farine complète
1/2 cuillère à café de sel fin
15 cl d'eau
50 g de ghi ou de beurre, fondu
huile à friture

Tamisez la farine et le sel dans une jatte. Incorporez l'eau peu à peu, pour obtenir une pâte ferme. Ajoutez le ghi et pétrissez bien. Couvrez et laissez reposer 30 minutes.

Divisez la pâte en 8 à 10 boules, et étalez-les sur une surface farinée sur 3 mm d'épaisseur.

Plongez-les dans la friture chaude et laissez-les dorer des deux côtés. Retirez-les de la poêle avec une écumoire, égouttez-les sur du papier absorbant et servez aussitôt.

Pour 8 à 10 puri
Note : un petit-déjeuner indien traditionnel comprend souvent des puri : vous les dégusterez avec du chutney, tout simplement. En Inde, on envoie presque toujours acheter les puri au bazar, plutôt que de les préparer à la maison, car il est plus facile de les préparer en grandes quantités. Comme pour presque tous les pains indiens, pour être bons, ils doivent être servis très chauds.

54

Riz aux épices

Palao

750 g de riz basmati ou patna
100 g de ghi
2 gros oignons, pelés et coupés
en rondelles fines
4 gousses d'ail, pelées et coupées
en lamelles fines
2 morceaux de gingembre de 8 cm
15 clous de girofle
15 gousses de cardamome
2 bâtons de cannelle de 5 cm
2 cuillères à café de curcuma
2 cuillères à café de grains de poivre noir
2 cuillères à café de garam massala
1 cuillère à café de sel fin
1,2 l de bouillon de poule chaud
100 g de raisins de Smyrne
50 g d'amandes effilées

Lavez bien le riz à l'eau froide.

Faites fondre le ghi dans une grande cocotte et faites revenir doucement l'oignon et l'ail, 4-5 minutes. Pelez le gingembre et coupez-le en lanières de 5 mm de large sur 5 cm de long, puis ajoutez-le dans la cocotte et faites revenir 2 minutes. Ajoutez les clous de girofle, la cardamome, la cannelle et tournez 1 minute. Ajoutez le curcuma, le poivre, le garam massala, le sel et tournez 2 minutes.

Ajoutez le riz, tournez pour qu'il soit bien enrobé. Ver-sez alors le bouillon, portez à ébullition et laissez frémir à feu doux, sans couvrir, jusqu'à ce que le riz soit cuit mais encore ferme (en tournant de temps en temps pour qu'il ne colle pas ; si nécessaire, rajoutez un peu de bouillon chaud).

Égouttez le riz dans une passoire. Transférez-le sur un plat ovale et répartissez dessus les raisins et les amandes. Servez aussitôt, ou gardez au chaud dans un four moyen (180°C).

Pour 6 à 8 personnes
Note : si vous le souhaitez, décorez le plat de riz avec des rondelles de tomates et d'œufs durs.

Galettes de besan, ou farine de pois chiches

Besani roti

225 g de farine de pois chiches
1 cuillère à café de sel fin
20 cl d'eau
100 g de ghi
175 g de beurre fondu

Tamisez la farine avec le sel dans une jatte. Incorporez peu à peu l'eau pour obtenir une pâte ferme, puis pétrissez avec le ghi jusqu'à ce que cela soit homogène.

Divisez la pâte en 4 à 6 boules. Étalez-les sur une surface farinée, sur 5 mm d'épaisseur.

Étalez un peu de beurre fondu sur le fond d'une poêle et faites cuire les galettes, 3 minutes de chaque côté. Transférez-les sur un plat et tenez-les au chaud pendant que vous faites cuire le reste. Servez-les très chaudes, badigeonnées de beurre fondu.

Pour 4 à 6 galettes
Note : ces galettes frites ont le goût particulier que leur donne la farine de pois chiches, mais leur pâte est très difficile à pétrir.

Puri ; galettes de besan ; paratha (page 51)

Galettes de farine de pois chiches aux épinards

Saag roti

500 g de farine de pois chiches
2 cuillères à café de poivre noir moulu
1 1/2 cuillère à café de sel fin
4 cuillères à soupe de feuilles de
coriandre hachées
30 cl de lait
1 piment vert, épépiné et coupé
en morceaux de 5 mm
2 cuillères à café de graines de carvi
12 feuilles d'épinards, équeutées
50 g de ghi
beurre fondu pour servir

Tamisez la farine dans une jatte avec le poivre et le sel. Ajoutez la coriandre, puis incorporez peu à peu le lait, en écrasant sur les bords de la jatte les grumeaux qui se forment. Pétrissez la pâte 10 minutes, puis laissez-la reposer 4 heures dans un endroit frais.

Pétrissez-la à nouveau et incorporez-lui le piment et le carvi. Partagez-la en 6 boules que vous étalerez en cercles de 1 cm d'épaisseur. Posez 2 feuilles d'épinards sur chacun, pliez-les en deux et étalez-les à nouveau en cercles de 1 cm d'épaisseur.

Faites fondre le ghi dans une poêle et faites dorer les galettes. Coupez-les en quartiers et servez-les chaudes avec du beurre fondu.

Pour 6 galettes

Desserts et sucreries

Ils sont consommés partout en Inde. Ils peuvent être servis à tout moment de la journée, mais ils sont particulièrement appréciés à l'heure du thé.

En dehors des desserts à base de farine comme dans les desserts occidentaux, de nombreux gâteaux indiens sont préparés avec du lait concentré, ou khoa. La préparation du khoa est très longue ; aujourd'hui on utilise à la place du khoa du lait entier instantané.

56

Riz sucré

Kesar pilau

500 g de riz basmati ou patna
350 g de ghi
175 g de raisins de Smyrne
100 g de pistaches décortiquées
100 g d'amandes blanchies
10 clous de girofle
10 gousses de cardamome
1 bâton de cannelle de 2 cm
1 cuillère à café de quatre-épices
1 cuillère à café de filaments de safran, ayant trempé dans
1 cuillère à soupe d'eau bouillante 30 minutes
1 l d'eau bouillante
100 g de sucre

Lavez bien le riz, mettez-le dans une jatte et couvrez-le d'eau froide. Laissez-le tremper 2 heures.

Faites fondre 100 g de ghi dans une grande casserole et faites revenir doucement les raisins, les pistaches et les amandes 3 minutes. Retirez-les avec une écumoire, égouttez-les sur du papier absorbant et laissez-les de côté.

Faites fondre le reste de ghi dans la casserole. Ajoutez les clous de girofle, les cardamomes, la cannelle, le quatre-épices et tournez 5 minutes. Égouttez le riz, ajoutez-le dans la casserole et mélangez bien. Ajoutez le safran et son eau de trempage, puis l'eau bouillante.

Couvrez et laissez frémir 20-25 minutes ; le riz doit avoir absorbé le liquide. Ajoutez le sucre, les raisins, les pistaches et les amandes. Servez chaud ou froid.
Pour 4 personnes

Gâteau de riz

Kheer

50 cl de lait
100 g de sucre en poudre
50 g de fécule de riz
2 cuillères à café de pistaches hachées
2 cuillères à café d'amandes effilées
1/2 cuillère à café d'eau de rose

Portez à ébullition le lait dans une grande casserole. Incorporez le sucre, puis la fécule, sans cesser de tourner. Ajoutez les pistaches et les amandes, et tournez jusqu'à ce que cela commence à épaissir.

Gâteau à la noix de coco ; gâteau de riz ; gâteau sucré

Retirez la casserole du feu et incorporez l'eau de rose. Laissez refroidir. Servez froid.

Pour 4 personnes

Note : dans les fêtes musulmanes, comme la fête d'Id-ul-Fitr qui célèbre la fin du ramadan, certains plats sucrés prédominent. Les musulmans portent alors leurs plus beaux habits et vont visiter leurs amis ; on leur offre du thé et des plats traditionnels sucrés, comme le kheer.

Gâteau à la noix de coco

Bevecca

2 noix de coco
45 cl d'eau bouillante
225 g de sucre en poudre
175 g de fécule de riz
2 œufs battus
50 g d'amandes effilées

Percez les yeux des noix de coco, faites sortir l'eau et mettez-la de côté. Cassez les noix et détachez la chair.

Râpez-la au-dessus d'une jatte et arrosez-la d'eau bouillante. Laissez reposer 15 minutes, puis passez le liquide à travers une double épaisseur de mousseline. Rassemblez les bords de la mousseline et pressez-la bien pour en extraire le maximum de liquide. Mélangez ce jus avec l'eau retirée des noix de coco, puis incorporez en fouettant le reste des ingrédients.

Versez dans une grande casserole et portez à ébullition. Laissez frémir, sans cesser de tourner, jusqu'à ce que cela épaississe. Versez dans un moule beurré de 20 cm de diamètre et faites cuire 30 minutes dans un four à 180°. Servez chaud.

Pour 4 personnes

Glace à la pistache

Pista kulfi

30 cl de crème fraîche
30 cl de lait
1 boîte (400 g) de lait condensé non sucré
1 cuillère à soupe de miel liquide
2 cuillères à soupe de pistaches hachées
2 cuillères à café d'eau de rose
colorant alimentaire vert (facultatif)

Portez doucement à ébullition dans une casserole la crème, le lait, le lait condensé et le miel, sans cesser de tourner, puis laissez frémir 45 minutes à feu doux.

Hors du feu ajoutez les pistaches, l'eau de rose et le colorant alimentaire. Laissez refroidir.

Versez dans une boîte à congélation et laissez au congélateur 3-4 heures.

Sortez la glace du congélateur 20 à 30 minutes avant de la servir. Découpez-la en carrés pour la servir.
Pour 6 à 8 personnes
Note : cette glace est très riche. Elle se sert traditionnellement moulée en forme de cônes.

Boulettes au sirop

Rasmalai

Boulettes :
1,2 l de lait entier
jus de 2 citrons
100 g de semoule
1 cuillère à soupe d'amandes mondées hachées
1 cuillère à soupe de miel

Sirop :
1 l d'eau
6 gousses de cardamome
6 clous de girofle
1 bâton de cannelle de 8 cm
175 g de miel liquide

Sauce :
15 cl de lait
30 cl de crème fraîche
1 cuillère à café d'eau de rose
1 cuillère à soupe de pistaches hachées

Pour faire les boulettes, portez à ébullition le lait avec le citron dans une casserole (le lait doit tourner). Laissez bouillir 5-10 minutes, puis laissez refroidir et filtrez. Mettez le fromage dans une mousseline, nouez-la, posez-la dans un tamis et mettez dessus un poids. Laissez égoutter toute une nuit.

Mélangez le fromage avec la semoule pour obtenir une pâte que vous séparerez en 12 à 16 boules de la taille d'une balle de golf. Faites un creux au sommet de chacune et mettez-y un peu d'amande et de miel. Reformez la boule, pour qu'ils soient enfermés à l'intérieur. Laissez de côté dans un endroit frais.

Pour le sirop, faites bouillir l'eau avec les cardamomes, les clous de girofle et la cannelle. Baissez le feu, ajoutez le miel et tournez jusqu'à ce qu'il soit fondu. Faites bouillir rapidement, sans tourner, jusqu'à ce que cela forme un sirop d'environ 3/4 du liquide initial. Faites pocher dans ce sirop les boulettes 1 h 20. Retirez-les avec une écumoire, laissez-les refroidir, avant de les mettre 2 heures au réfrigérateur.

Pour la sauce, faites bouillir le lait jusqu'à ce qu'il n'en reste que les deux tiers. Laissez refroidir, puis incorporez la crème fraîche, saupoudrez d'eau de rose et de pistaches.

Laissez refroidir, puis mettez à glacer au réfrigérateur avant d'en napper les boulettes. Laissez le tout tremper plusieurs heures avant de servir.
Pour 6 à 8 personnes

Pain frit à la sauce safran-pistache

Shahi Tukra

1 petite miche de pain, la croûte retirée
huile à friture
1 cuillère à café de filaments de safran
60 cl de lait chaud
225 g de miel liquide
50 g de pistaches décortiquées hachées gros
25 g d'amandes mondées hachées fin
30 cl de crème fleurette
5-6 gouttes d'eau de rose

Coupez le pain en tranches de 2 cm d'épaisseur, puis chaque tranche dans le sens de la longueur. Faites chauffer l'huile et faites dorer le pain 2 minutes. Égouttez-le et tenez-le au chaud.

Mettez le safran dans une tasse, couvrez-le d'un peu de lait. Faites chauffer le reste de lait avec le miel jusqu'à ce qu'il soit fondu, puis ajoutez les pistaches et les amandes. Passez le safran et incorporez le liquide au mélange précédent. Retirez du feu et laissez refroidir légèrement.

Incorporez la crème et l'eau de rose. Disposez le pain dans un saladier, versez la sauce et mettez à glacer au réfrigérateur, au moins 1 heure avant de servir.
Pour 6 personnes
Note : ce dessert, d'origine moghole, sera très rafraîchissant à la fin d'une grande fête, servi glacé.

58

Boulettes au sirop ; glace à la pistache ; boulettes frites au sirop

Boulettes frites au sirop

Gulab jamun

1 l de lait
jus de 2 citrons
100 g de semoule
huile à friture

Sirop :
30 cl d'eau
5 gousses de cardamome
5 clous de girofle
225 g de sucre
1 cuillère à café d'eau de rose

Portez le lait à ébullition avec le jus des citrons, dans une casserole (il doit tourner). Laissez bouillir 5-10 minutes, puis laissez refroidir et filtrez. Mettez le fromage dans une double épaisseur de mousseline, nouez-la, posez-la dans un tamis et mettez dessus un poids. Laissez égoutter toute une nuit.

Mélangez le fromage obtenu avec la semoule pour obtenir une pâte que vous séparerez en 15 boulettes. Plongez-les par fournées dans l'huile chaude pour les faire dorer, puis retirez-les avec une écumoire, égouttez-les sur du papier absorbant et tenez-les au chaud.

Pour le sirop, portez l'eau à ébullition avec la cardamome et les clous de girofle. Baissez le feu, ajoutez le sucre et tournez jusqu'à ce qu'il soit dissous. Augmentez le feu et laissez bouillir rapidement, sans tourner, jusqu'à ce que le sirop commence à épaissir. Laissez refroidir légèrement, puis versez l'eau de rose. Disposez les boulettes dans un saladier et nappez-les du sirop.

Pour 4 à 6 personnes
Note : ce dessert est très collant, mais très parfumé. Dégustez-le frais pour qu'il soit meilleur. Mais en cas de besoin il peut être gardé plusieurs jours au réfrigérateur.

Glace à la mangue

Am ka kulfi

400 g de chair de mangue, passée au mixeur
3 cuillères à soupe de miel liquide
50 cl de crème fraîche
50 g d'amandes en poudre
4 blancs d'œufs

Faites chauffer la mangue dans une casserole, ajoutez le miel et tournez jusqu'à ce qu'il soit fondu. Retirez du feu et incorporez la crème et la poudre d'amandes. Laissez refroidir.

Versez ce mélange dans une boîte à congélation et mettez au congélateur 4 heures. Versez la glace dans une jatte et cassez-la à la fourchette.

Battez les blancs d'œufs en neige très ferme et incorporez-les à la glace. Versez dans la boîte à congélation et laissez durcir au congélateur 4 heures. Sortez la glace du congélateur, au moins 20 minutes avant de la servir.

Pour 8 personnes
Note : ce dessert est très riche, mais aussi très rafraîchissant ; il combine la douceur de la crème et le parfum de la mangue. En Inde la crème s'appelle malai. Elle peut se remplacer par de la crème fleurette ou du lait condensé non sucré. Dans cette recette, plus la crème est épaisse, plus le résultat est riche. Et c'est justement parce que ce dessert est très nourrissant qu'on n'en sert que de petites portions.

60

Salade de fruits épicée

Chaat

2 oranges, pelées et séparées en quartiers
2 poires, pelées et coupées en quartiers,
puis en tranches épaisses
1 pomme pelée, coupée en quartiers,
puis en tranches épaisses
2 goyaves, pelées et coupées en morceaux
2 bananes, pelées et coupées en rondelles
jus de 1 citron
1 cuillère à café de gingembre en poudre
1 cuillère à café de garam massala
1/2 cuillère à café de poivre noir
sel

Mettez les fruits dans une jatte et arrosez-les de jus de citron. Mélangez les épices avec un peu de sel et saupoudrez-en les fruits, puis mélangez délicatement. Couvrez de film alimentaire et laissez 2 heures au réfrigérateur avant de servir.

Pour 4 personnes
Note : le chaat est souvent servi en entrée en Inde, ou bien comme accompagnement d'un plat très épicé, mais c'est aussi un dessert très rafraîchissant.

Dans le centre et le nord de l'Inde, on vend souvent sur le bord de la route du thé et du chaat. Vous pouvez utiliser toutes les sortes de fruits dont vous disposez pour cette salade.

Samosa sucrés

Meeta samosa

100 g de farine
1 pincée de sel
25 g de ghi
eau chaude

Garniture :
500 g de pommes de terre grattées
1 cuillère à soupe d'amandes mondées hachées
les graines de 20 gousses de cardamome
2 cuillères à soupe de miel liquide
2 cuillères à café de raisins de Smyrne
1 cuillère à soupe de pistaches hachées
huile à friture

Tamisez la farine avec le sel dans une jatte. Incorporez le ghi, puis un peu d'eau pour obtenir une pâte ferme. Faites-en une grosse boule et laissez-la de côté.

Faites cuire les pommes de terre à l'eau bouillante 20 minutes. Pelez-les, coupez-les en petits cubes de 1 cm de côté que vous mettrez dans une jatte et mélangez-les avec les amandes.

Écrasez la cardamome dans un mortier et incorporez le miel que vous aurez fait chauffer dans une petite casserole. Nappez-en les pommes de terre et répartissez dessus les raisins et les pistaches.

Séparez la pâte en 8-10 boules de la taille d'une noix. Étalez-les sur une surface farinée en un cercle fin de 1 mm d'épaisseur. Placez-les les uns sur les autres en les saupoudrant de farine. Coupez-les en demi-cercles.

Répartissez 2 cuillères à café de garniture sur un côté de chaque demi-cercle, repliez-le en forme de cône et faites adhérer les bords en les mouillant avec un peu d'eau. Plongez les cônes dans l'huile chaude par fournées et laissez-les dorer de tous les côtés. Retirez-les avec une écumoire, égouttez-les sur du papier absorbant et servez-les chaud ou froid.

Pour 16 à 20 samosa
Note : en Inde, les samosa sucrés sont servis à l'heure du thé. Habituellement, les samosa reçoivent une farce salée.

Vermicelle au lait

Khir sewian

*100 g de ghi
100 g de vermicelles longs
75 cl de lait
les graines de 15 gousses de cardamome
225 g de miel liquide
100 g de raisins de Smyrne*

Faites fondre le ghi dans une grande casserole et faites revenir le vermicelle, cassé en morceaux de 10 cm, 5-6 minutes. Versez le lait et portez à ébullition.

Écrasez la cardamome dans un mortier, puis ajoutez-la dans la casserole. Incorporez peu à peu le miel, tournez jusqu'à ce qu'il soit fondu et laissez cuire 10-15 minutes. Incorporez les raisins. Servez chaud ou glacé.

Pour 6 personnes

Note : quand les Musulmans se rendent visite à l'occasion de Id-Ul-Fitr, ils partagent un peu de nourriture ; c'est invariablement du vermicelle au lait. Chaque visiteur n'a pas besoin d'en goûter une grande quantité, une petite tasse à thé suffit pour prouver son respect à son hôte.

Salade de fruits épicée ; samosa sucrés

61

Bouchées au miel

Shehed tukra

225 g de farine à poudre levante
50 g de ghi ou de beurre
1/2 cuillère à café de noix de muscade râpée
1 pincée de cannelle en poudre
15 cl de lait
huile à friture
4 cuillères à soupe de miel liquide
1 bâton de cannelle de 5 cm
4 clous de girofle
les graines de 4 gousses de cardamome

Tamisez la farine dans une jatte. Faites chauffer doucement le ghi dans une casserole et incorporez-y la muscade et la cannelle. Versez sur la farine, ainsi que le lait, pour obtenir une pâte ferme. Pétrissez-la 5 minutes.

Étalez-la sur une épaisseur de 5 mm-1 cm et découpez des carrés de 2 cm de côté. Faites chauffer suffisamment d'huile dans une poêle pour qu'elle recouvre les carrés et faites-les dorer.

Pendant ce temps, faites chauffer dans une casserole 3 minutes le miel avec la cannelle, les clous de girofle et les graines de cardamome.

Retirez les carrés de la poêle avec une écumoire et égouttez-les rapidement sur du papier absorbant. Disposez-les sur un plat de service et nappez-les du miel passé. Laissez refroidir avant de servir.
Pour 6 à 8 personnes
Note : en Inde ces bouchées sont souvent servies comme en-cas, mais aussi en dessert pour certaines occasions. Elles sont meilleures fraîches, mais elles peuvent se garder 1 semaine au réfrigérateur.

Barfi

Barfi

350 g de miel solide
15 cl d'eau
10 clous de girofle
1 bâton de 8 cm de cannelle
les graines de 20 gousses de cardamome
175 g de lait en poudre instantané
1 cuillère à soupe de pistaches coupées fin

Faites fondre le miel doucement avec l'eau dans une grande casserole. Portez à ébullition et ajoutez les clous de girofle et la cannelle. Laissez bouillir 10-15 minutes, sans tourner, pour obtenir un sirop épais. S'il ne l'est pas assez, prolongez l'ébullition. Écrasez dans un mortier la cardamome, mettez-la dans une jatte avec le lait et mélangez bien.

Incorporez peu à peu le sirop pour obtenir une pâte épaisse. Étalez-la dans un moule carré de 20 cm de côté et de 4 cm de profondeur.

Répartissez les pistaches et pressez-les avec la paume de votre main. Avec un couteau pointu dessinez des losanges. Laissez dans un endroit frais jusqu'à ce que

cela soit solidifié. Démoulez et séparez les losanges juste avant de servir.
Pour environ 750 g

Halwa à la noix de coco

Narial ka halwa

50 cl de lait
100 g de lait en poudre
75 g de noix de coco râpée
1/2 cuillère à café de macis râpé
2 cuillères à soupe de miel liquide
50 g d'amandes décortiquées

Faites chauffer le lait jusqu'à ce qu'il soit un peu plus que tiède. Mettez le lait en poudre dans une jatte et incorporez suffisamment de lait chaud pour obtenir une pâte épaisse.

Ajoutez la noix de coco au lait restant et portez à ébullition. Laissez bouillir jusqu'à ce que le liquide soit évaporé et le mélange sec.

Ajoutez le macis et le miel, puis la pâte, et tournez jusqu'à ce que cela soit dur.

Versez dans un moule carré de 20 cm de côté et de 2-3 cm de haut. Laissez refroidir, puis découpez des losanges et décorez avec les amandes. Retirez du plat avant de servir.
Pour 6 à 8 personnes
Note : un grand nombre de recettes de halwa sont à base de semoule et il en existe une faite avec de la carotte râpée. Ces gâteaux se conserveront bien plusieurs semaines dans une boîte hermétique.

Halwa

Halwa

225 g de semoule
4 cuillères à soupe de noix de coco râpée
500 g de sucre
1 cuillère à soupe de graines de pavot
les graines de 6 gousses de cardamome
50 cl d'eau
100 g de ghi fondu

Mélangez dans une grande casserole la semoule, la noix de coco, le sucre, le pavot et la cardamome, puis incorporez l'eau et portez à ébullition sans cesser de tourner. Laissez frémir à feu doux 1 heure, en tournant souvent. Incorporez le ghi peu à peu.

Étalez le mélange sur un plateau creux et lissez la surface. Laissez refroidir, puis découpez ces triangles. Conservez-les dans une boîte hermétique, dans un endroit frais.
Pour 4 personnes

62

Gâteau de carotte ; halwa

Gâteau de carottes

Gajjar kheer

500 g de carottes, pelées et râpées
225 g de sucre en poudre
1,5 l de lait
6 gousses de cardamome
1 cuillère à soupe de raisins de Smyrne
1 cuillère à soupe d'amandes effilées

Mettez les carottes dans une jatte, saupoudrez de sucre et laissez de côté.

Portez à ébullition le lait dans une casserole avec les cardamomes. Laissez bouillir 45 minutes jusqu'à ce que le lait ait réduit de moitié. Ajoutez le contenu de la jatte et laissez frémir jusqu'à ce que cela épaississe.

Retirez du feu, laissez refroidir légèrement, puis incorporez les raisins et les amandes. Servez chaud ou froid.
Pour 4 personnes

Bretzels frits

Jallebi

500 g de farine
1/2 cuillère à café de sel fin

225 g de yaourt nature à température ambiante
eau chaude
1 cuillère à soupe de cassonade
25 g de levure sèche active
huile à friture

Sirop :
1 l d'eau
10 gousses de cardamome
10 clous de girofle
1 bâton de cannelle de 8 cm
500 g de cassonade

Mélangez la farine et le sel dans une grande jatte chaude, puis incorporez peu à peu le yaourt et un peu d'eau pour obtenir une pâte de la consistance d'une crème épaisse ; ajoutez le sucre et saupoudrez de levure. Couvrez d'un linge et laissez ainsi 6 heures dans un endroit chaud.

Pour le sirop, portez l'eau à ébullition dans une grande casserole avec les cardamomes, les clous de girofle et la cannelle. Baissez le feu, ajoutez la cassonade et tournez jusqu'à ce qu'elle soit dissoute. Faites bouillir jusqu'à ce que le liquide soit réduit de moitié et forme un sirop épais. Tenez au chaud.

Faites chauffer l'huile dans une friteuse. Mettez la pâte dans une poche à douille et pressez de minces filets de pâte, en formant 8 cercles de 10 cm de diamètre superposés, et laissez-les dorer 3 minutes. Retirez-les délicatement avec une écumoire, égouttez-les sur du papier absorbant. Au fur et à mesure qu'ils sont prêts, plongez-les 1 minute dans le sirop, puis égouttez-les et servez.
Pour 15 à 20 bretzels

Index